Jürgen Pfaff

Engel erleben

Jürgen Pfaff

Engel erleben

44 Engelkarten
mit begleitendem Praxisbuch.
Mit vielen Tipps
und praktischen Übungen,
die die Gegenwart der Engel
im Alltag erlebbar machen.

HANS-NIETSCH-VERLAG

Die in diesem Buch vorgestellten Informationen werden nach besten Wissen und Gewissen weitergegeben. Krankheiten und Krankheitssymptome sind hier genannt, um eine ganzheitliches Verständnis des Menschen zu ermöglichen. Keinesfalls soll der Besuch bei einem Arzt oder Heilpraktiker ersetzt werden. Daher übernehmen Autor und Verlag keine Haftung für Ansprüche, die im Zusammenhang mit der Anwendung oder Verwertung der Angaben in diesem Buch geltend gemacht werden.

Lektorat und Korrektorat: Astrid Ogbeiwi
Bildvorlagen für die Engelkarten: Jürgen Pfaff
Bearbeitung der Engelbilder und Kartengestaltung:
Falk Wagner (www.arte-noah.com)
Gestaltung Karton und Buchumschlag: Peter Krafft
Innenlayout und Satz: Devam Will

Hans-Nietsch-Verlag
Postfach 228
79002 Freiburg

www.nietsch.de
info@nietsch.de

ISBN 978-3-939570-34-9

Inhalt

Vorwort

Den Kopf voller Ideen, die Finger locker über der Tastatur, sitze ich hier an meinem Schreibtisch und bitte meine Engel, mir klare und verständliche Worte einzugeben. Denn ich möchte Ihnen ein Praxis-Set mit Engelkarten und Begleitbuch an die Hand geben, das Sie inspiriert und Ihnen Mut macht, die Kraft der Engel in jeder möglichen (oder auch unmöglichen) Situation für sich zu nutzen.

Schon seit vielen Jahren habe ich das Vergnügen, mit Engeln zu arbeiten. Ich tue das mit Gebeten, mit Affirmationen und mit spontanen Dialogen. Diese „Arbeit" ist unerschöpflich vielfältig und macht von Anfang an großen Spaß. Sie erfordert keinerlei Vorkenntnisse. Fangen Sie einfach an. Mit dem Buch und den Karten ist der Einstieg ganz leicht. Und je länger Sie mit Engeln arbeiten, desto leichter und spielerischer wird der Kontakt. Denn diese himmlischen Wesen warten nur darauf, dass wir sie ansprechen und unsere Bitten formulieren.

Sie brauchen dazu nur Ihr Herz ein wenig zu öffnen und den Kontakt mit den Engeln zuzulassen. Wie das geht, mitten in einem ganz normalen Alltag, dazu finden Sie in diesem Praxis-Set aus Karten und Buch viele Hinweise, Anregungen, Methoden und Übungen. Suchen Sie sich unter den zahlreichen Möglichkeiten einfach das heraus, was Sie am meisten anspricht.

Noch etwas liegt mir am Herzen: In meinen Büchern über Farben bevorzugte ich stets das „Sie" in der Anrede. Doch bei der Arbeit mit Engeln fühlt sich das für mich nicht richtig an. Ich schlage daher vor, dass wir uns ab jetzt einfach duzen. Ich heiße Jürgen!

Ich wünsche dir viel Freude, viele himmlische Kontakte mit deinen Engeln und alles Liebe

Jürgen Pfaff

Was du schon immer über Engel wissen wolltest

Wie soll ich meinen Engel rufen, wenn ich seinen Namen nicht kenne? Wie soll ich mit ihm sprechen wie mit einem guten Freund, wenn ich nicht einmal weiß, wie er heißt? Wenn die Erzengel Namen haben, warum dann nicht die anderen Engel auch? Und überhaupt: Auch bei den Engeln weiß ich gerne, mit wem ich es zu tun habe.“

Kommen dir solche Gedanken vertraut vor? Wir sind es einfach gewohnt, unser Gegenüber mit Namen anzusprechen, unsere Freunde nennen wir beim Vornamen oder haben liebevolle Spitznamen für sie, und wenn wir uns anderen vorstellen, sagen wir selbstverständlich, wie wir heißen. Wenn wir den Namen eines Menschen kennen, dann meinen wir, ein wenig über ihn selbst zu wissen. Das gibt uns Sicherheit im Umgang mit ihm. Dasselbe wünschen wir uns natürlich auch bei unserem Engel. Ich gestehe, ich bin da keine Ausnahme. Vor Jahren ging ich einmal nur aus einem einzigen Grund in Meditation: Ich wollte endlich wissen, wie mein Engel heißt! Nach einer Weile absoluter Stille hörte ich eine Stimme tief in meinem Inneren, klar und deutlich. Sie nannte einen Namen. Ich fragte noch einmal und hörte bald einen zweiten, anderen Namen. Leicht verwirrt fragte ich ein drittes Mal – und erhielt zur Antwort einen dritten Namen. Ich beendete meine Meditation und dachte ziemlich lange über dieses merkwürdige Erlebnis nach. Wenn ich noch weitere Male nach dem Namen gefragt hätte, hätte ich dann weitere Namen erhalten? Was sollte das? Wollte man mir keine klare Auskunft geben? Ich konnte es einfach nicht verstehen, zumal ich Menschen kannte, die den Namen ihres Engels wussten.

Allmählich wurde mir klar, dass der Name meines persönlichen Engels völlig unwichtig ist. Wichtig ist doch nur, dass ich Kontakt zu ihm haben kann. Mit dem Namen verbinden wir so viele Vorstellungen. Und mit Erwartungen, zum Beispiel, dass ein Engelname unbedingt auf –el zu enden habe, stehen wir uns nur selber im Weg. Genau davor wollen uns ja die Engel bewahren. Im Nachhinein bin ich meinem Engelwesen sehr dankbar für diese Erfahrung.

Wie immer in der Begegnung mit der geistigen Welt gilt darum auch für den Kontakt zu den Engeln: Wenn du nach dem Namen deines Engelbegleiters fragen möchtest, tue es. Und dann lasse dich überraschen. Vielleicht wird dir ein Name genannt, vielleicht nicht. Vielleicht klingt er vertraut, vielleicht völlig fremd. Aber sei versichert, es ist kein Zeichen eines höher entwickelten Bewusstseins, größerer Hellsichtigkeit oder besonderer Verdienste, wenn man den Namen eines Engels kennt, der einen begleitet. Weder dein Geburtsmonat noch sonstige Äußerlichkeiten sagen etwas über deinen Engel aus. Und Erzengel sind in der Regel keine persönlichen Schutzengel, sondern kommen zu uns allen, wenn wir sie rufen und bitten.

Damit wären wir bei einem weiteren Thema, das oft heiß diskutiert wird, nämlich den so genannten Engelhierarchien. „Welche Arten von Engeln gibt es und auf welcher Stufe der geistigen Entwicklung stehen sie? Welche Engel sind Gott näher, welche sind ihm ferner? Und wo steht überhaupt mein Engel?"

Derlei Fragen können eine Faszination auf uns ausüben. Merkst du, wie dabei die Herzensverbindung in den Hintergrund rückt und starre Denkstrukturen die Oberhand gewinnen? Wenn du dich damit beschäftigen willst, wirst du viele Bücher darüber finden. Dabei wirst du auch feststellen, dass sie sich öfter einmal widersprechen. Nicht nur deshalb halte ich persönlich von Engelhierarchien und „offiziellen" Zuständigkeiten nicht so viel. Ich denke, dass wir Menschen eine Rangordnung konstruiert haben, um ein besseres Verständnis für die einzelnen Engel- oder Lichtwesengruppen zu entwickeln. Doch ist das wirklich wichtig?

Nicht anders verhält es sich mit den „Zuständigkeiten". Sie gelten nach herkömmlichem Verständnis besonders für die Erzengel. Klassischerweise steht zum Beispiel Raphael für Heilung, Michael für Schutz und Gabriel für Neubeginn. Wenn dir solches Wissen Sicherheit vermittelt, ist es wunderbar. Notwendig, um mit den Engeln Kontakt aufzunehmen, ist es nicht. Im Zweifel rufe einfach nur „die Engel". Deine Bitte wird mit Sicherheit genau in die richtigen Bahnen geleitet und es werden dir die richtigen Engelwesen helfend zur Seite stehen.

Die letzte der „großen Engelfragen“, auf die ich hier eingehen möchte, ist die nach dem Geschlecht: „Sind Engel männlich oder weiblich? Und wie verhält es sich mit meinem Engel?“

Den Menschen, die Engel sehen können, erscheinen sie tatsächlich oft in Menschengestalt. Dennoch sind sie reine Geistwesen. Als solche vereinen sie alle guten Kräfte des Männlichen und des Weiblichen in sich und können jede beliebige Gestalt annehmen. Weil sie uns nicht erschrecken wollen, richten sie sich dabei oft nach der Vorstellung, die wir von ihnen haben und erscheinen uns als Mann, Frau oder sogar als Kind, mit Flügeln oder ohne, bekleidet oder einfach lichtumflutet. Du kannst aber getrost darauf vertrauen, dass deine Engelbegleiter, gleich in welcher Gestalt du sie wahrnimmst und ob überhaupt, dir weibliche Wärme und Kraft ebenso schenken können wie männliche Stärke und Schutz, denn im Grunde sind das alles Formen der Liebe – und über die verfügen die Engel reichlich.

Mache dir also keinen Stress mit Engelnamen, Hierarchien, Zuständigkeiten oder Fragen zum Geschlecht. Viel wichtiger ist es, zu wissen und zu verstehen, wie wir mit den Engeln in Kontakt treten können.

Kontakt aufnehmen

Engel können auf vielerlei Weise mit uns in Kontakt treten – und wir mit ihnen. Viele Menschen können die Engel hören. Nicht wenige sehen sie. Andere bekommen Botschaften als Schreibmedium. Wieder andere fühlen die Anwesenheit der Engel. Ja, es gibt sogar Menschen, die sie riechen. So weiß eine Bekannte von mir, dass Erzengel Chamuel da ist und Kontakt mit ihr aufnehmen will, wenn sie unvermittelt Rosen riecht. Es braucht ein wenig Übung, um herauszufinden, welcher Duft für dich zu welchem Engel oder Lichtwesen gehört, aber auch das ist eine Möglichkeit.

Bei der Wahl der geeigneten Form der Kontaktaufnahme richten sich die Engel ganz nach uns. Etwas salopp formuliert könnte man sagen, sie machen sich so bemerkbar, wie es am besten zu unserem jeweiligen Wahrnehmungstyp passt. Man spricht von vier Wahrnehmungstypen:

Der visuelle Typ: Das sind die Sehenden. Sie sind besonders empfänglich für optische Eindrücke. Meist sehen sie in Meditationen und Fantasiereisen schnell klare Bilder. Sie werden die Engel eher sehen.

Der auditive Typ: Das sind die Hörenden. Solchen Menschen ist es in die Wiege gelegt, Dinge zu hören. Sie werden auch die Engel und ihre Botschaften am ehesten als leise innere Stimme vernehmen.

Die Kinästheten: Das sind Menschen, die hellfühlend sind. Sie erfassen alles schnell und leicht über die Gefühlsebene. Sie fühlen Antworten (ohne viel zu sehen oder zu hören). Sie fühlen die Engel um sich herum, auch zum Beispiel über sinnliche Wahrnehmungen wie Wärme, Lufthauch oder Düfte.

Der kognitive Typ: Kognitive Menschen hören nicht, noch sehen oder fühlen sie. Sie wissen! Sie werden die Engel kaum in sinnlicher Form wahrnehmen. Sie wissen einfach tief im Innern um ihre Präsenz und ihre Botschaft.

Meiner Erfahrung nach kommunizieren die meisten Menschen Kraft ihrer Gedanken oder Kraft des gesprochenen Wortes mit den Engeln. Dazu rufst du einfach den gewünschten Engel oder das gewünschte Wesen und bittest oder betest. Meist wirst du auch eine Antwort erhalten. Die kommt allerdings selten mit Pauken und Trompeten, sondern als eine zarte, leise Stimme aus deinem Inneren. In der lauten Hektik des Alltags ist es oft gar nicht leicht, sie überhaupt wahrzunehmen.

Aber es lässt sich lernen wie schwimmen oder Fahrrad fahren, nur sehr viel angenehmer. Gönne dir dazu regelmäßig ein paar Minuten, um in die Stille zu gehen, am besten sogar immer zur selben Tageszeit. Ich tue das zum Beispiel abends vor dem Einschlafen. Dann bete ich und lasse den Tag noch einmal an meinem geistigen Auge vorbeiziehen. Ich spüre, wie ich loslassen kann, mich entspanne und innerlich ganz still werde. In dieser Stille sind wir sehr gut in der Lage, Dinge oder Worte aus der Engelwelt wahrzunehmen. Mit Dingen meine ich: Gefühle, den Lufthauch im Raum, Düfte, schemenhafte Umrisse einer Engelsgestalt … ! Probiere es einfach aus. Lasse dich nicht entmutigen, wenn nichts geschieht, sondern genieße den Extra-Moment der Entspannung, den du dir geschenkt hast. Manchmal braucht es mehrere Anläufe, bis wir etwas wahrnehmen können. Aber mit jedem Mal, in dem du in die Stille gehst, öffnest du das Tor zu deinem Inneren ein kleines Stückchen weiter.

Auf das Hören folgt das Handeln. Das kann eine echte Herausforderung sein. Denn wenn wir das Gehörte in die Tat umsetzen wollen, spielt uns häufig unser Verstand einen Streich. Der möchte derlei „aus der Luft gegriffenen" Rat am liebsten sofort als unlogisch und daher untauglich entsorgen. Doch lasse dich von ihm nicht beirren! Vertraue dem Rat deines Engels. Am Anfang kann das durchaus Überwindung kosten. Denn oft erscheint das, was die leise Stimme sagt, tatsächlich vordergründig unsinnig – und erweist sich, wenn wir es dennoch tun, als goldrichtig! Ein kleines Alltagsbeispiel: Eines schönen Herbsttages war meine Frau mit unserer zehnjährigen Tochter unterwegs, um für den kommenden Winter Stiefel zu kaufen. Wer selber Kinder hat, weiß bestimmt schon, wie sowas ausgeht. Die „schönen" Stiefel passen nicht und die passenden Stiefel sind nicht „schön". Nach mehreren Stunden und vielen Schuhgeschäften gaben Mutter und Tochter entnervt auf. Am nächsten Tag standen die Wochenendeinkäufe an und als endlich alles besorgt und im Kofferraum verstaut war, meldete sich in meiner Frau eine leise Stimme und sagte: „Fahr noch zu A." „Muss das sein? Ich habe doch alles. Außerdem bin ich ganz schön geschafft und möchte nach Hause", erwiderte meine Frau in Gedanken. Noch zwei Mal wiederholte die Stimme ihren Rat. Da beschloss meine Frau, die schon lange intensiv mit Engeln arbeitet, ihr zu folgen. Unschlüssig schlenderte sie durch die Gänge des Geschäftes. Und da waren sie: Mädchenstiefel, wunderschön, in der richtigen Farbe und Größe! Noch dazu unglaublich preiswert. Sie nahm ein Paar mit und hoffte nur, dass sie unserer Tochter gefallen und auch wirklich passen würden. Zu Hause angekommen, wurden die Stiefel präsentiert: Das Strahlen im Gesicht unserer Tochter sagte alles! Und sie passten!

Und wenn du einmal nicht auf die leise Stimme hörst? Keine Sorge, die Engel geben nicht so schnell auf! Probiere es einfach beim nächsten Mal wieder und vergleiche, welche Erfahrungen du machst, wenn du der Stimme folgst und wenn du ihren Rat verwirfst. So wächst nach und nach dein Vertrauen und dein Kontakt zu den Engeln wird immer leichter, spontaner und intensiver.

Und wenn die Engel nicht auf dich hören? Was könnte dahinterstecken, wenn du die Engel um Hilfe bittest und nichts passiert? Zwei große Gesetze scheinen das Handeln der Engel zu leiten. Das erste ist, dass unser freier Wille als Menschen respektiert werden muss. Das bedeutet, dass die Engel nur eingreifen dürfen, wenn wir sie darum bitten. Es gibt nur eine Ausnahme, nämlich wenn Gefahr für Leib und Leben besteht und unsere „Lebensuhr" noch nicht abgelaufen ist. Dann geschehen die wundersamen Rettungen, bei denen der Volksmund sagt: „Da hast du aber einen tollen Schutzengel gehabt."

Das zweite Gesetz hängt ebenfalls mit unserem freien Willen zusammen, allerdings mit dem, den wir ausüben, bevor wir unser Erdenleben beginnen. Es kann nämlich sein, dass wir uns vor unserer Inkarnation vorgenommen haben, ganz bestimmte Erfahrungen zu machen. Darunter gibt es einige, die wir, wenn wir erstmal mittendrin stecken, keineswegs mehr so erstrebenswert finden wie zuvor.* Dann bitten wir die Engel um Hilfe – und nichts geschieht. Wir müssen die Suppe auslöffeln, die wir uns eingebrockt haben.

Aber auch in solchen Situationen, wenn unser womöglich sogar verzweifelter Hilferuf scheinbar ungehört bleibt, dürfen wir uns darauf verlassen, dass wir nicht alleine sind. Wenn die Situation unveränderlich ist, können wir immer um Kraft und Verständnis bitten, damit wir besser damit fertig werden. Um im Bild zu bleiben: Wir müssen unsere Suppe dann zwar selber auslöffeln, aber es ist den Engeln nicht verboten, einen kleinen Klacks Sahne oder ein verdauungsförderndes Kräutlein hineinzugeben. Und manchmal hilft es ja auch schon, wenn sie uns bei Tisch ein wenig Gesellschaft leisten.

Vielleicht noch mehr als in allen anderen Fällen gilt in solch schwierigen Momenten, dass Erwartungen uns blind machen. Wenn wir gebannt auf einen Fleck starren, nehmen wir das Wunder, das womöglich dicht daneben geschieht, gar nicht wahr.

Für die Kontaktaufnahme und den Umgang mit Engeln brauchst du also nur zwei Dinge zu beachten:

- Bitte um Hilfe und sei gewiss: Engel lassen dich nicht hängen.
- Lasse dich überraschen!

Auf diese Weise lässt sich der Kontakt zu den Engeln ganz leicht in deinen Alltag integrieren.

* *Wenn dir die Reinkarnation fremd ist, dann könnte man diese Situation auch so beschreiben: Das zweite Gesetz besagt, dass die Engel nicht eingreifen dürfen, wenn bestimmte Erfahrungen auf unserem Schicksalsweg unausweichlich vorgesehen sind.*

Kontakt halten

Was haben Neujahr, ein Engelseminar und vielleicht auch dieses Set aus Karten und Buch gemeinsam? Das, was ich den Sylvester-Effekt nenne. Mit einem Hochgefühl und voller guter Vorsätze begehen wir das Fest, reisen wir nach dem Seminar nach Hause und, so wage ich zu hoffen, legst du dieses Buch aus der Hand. Doch dann gehen die Tage und Wochen ins Land und unser gewohntes Leben hat uns wieder fest im Griff. Das Hochgefühl verebbt, die guten Vorsätze schwinden und das Gespür für den Kontakt zu den Engeln verliert sich irgendwo zwischen den tausend Anforderungen, die der Alltag an uns stellt.

Aber das muss nicht so sein. Schlagen wir dem Sylvester-Effekt ein Schnippchen, indem wir uns Dinge schaffen, die uns immer wieder an die Gegenwart der Engel erinnern. Möglichkeiten dazu gibt es viele: ein Zettel am Badezimmerspiegel, auf dem steht „Hast du deinem Engel heute schon gedankt?" oder „Schutz nicht vergessen", ein Engel-Aufkleber am Bildschirmrand, eine Engelfigur neben dem Bett, ein kleiner Edelstein-Engel in der Jacken- oder Hosentasche, ein Engelbild im Geldbeutel oder auch eine Karte aus dem beigefügten Kartendeck, die du so aufstellst, dass du sie während des Tages immer mal wieder siehst. Deiner Fantasie sind keine Grenzen gesetzt.

Außerdem kannst du kleine Rituale in deinen Alltag einbauen, die dir die Gegenwart der Engel immer wieder bewusst machen. Sie beanspruchen kaum Zeit und lassen sich völlig unauffällig auch im geschäftigsten Terminplan unterbringen. Denn viel wichtiger als Form oder Umfang eines Rituals ist seine Regelmäßigkeit. Die unscheinbaren Kleinigkeiten, die sich völlig natürlich in unseren Tagesablauf fügen, haben deshalb oft viel stärkere Wirkung als beeindruckende Ereignisse, für die wir nur sporadisch Zeit finden. Ein Tag in der Gegenwart der Engel kann zum Beispiel so aussehen:

Mit Engeln den Tag beginnen

Springe nicht gleich aus dem Bett, wenn der Wecker klingelt, sondern gönne dir Zeit, langsam aufzuwachen und den Tag bewusst zu beginnen. Rufe deine Engel zu dir, danke ihnen für die Nacht und bitte sie um Schutz und Begleitung für den Tag. Wenn du möchtest, kannst du dir nun vorstellen, wie sich dein Herzchakra, das Energiezentrum in deinem Herzen, voll und ganz öffnet. Wie eine aufgehende Blüte entfaltet es sich Schicht um Schicht, bis es ganz geöffnet ist. Nun visualisiere einen rosafarbenen Strahl, der direkt aus deinem Herzen kommt und sende ihn in Gedanken deinen Engeln. Lasse deine Liebe und Dankbarkeit in diesem Strahl zu ihnen strömen. Er ist übrigens keine Einbahnstraße, und so kann es sehr gut sein, dass deine Engel auch dir in diesem Moment etwas übermitteln. Lasse es einfach geschehen, ohne Erwartungen. Schließe dann diese morgendliche Mini-Meditation mit einem kleinen Satz ab. Das kann ein kurzer Dank sein für die gemeinsame Zeit oder für die Begleitung oder ein beherztes „Auf in den Tag". Du findest bestimmt genau die Worte, die für dich richtig sind.

Das Ganze dauert nicht mehr als fünf Minuten, und wahrscheinlich wirst du feststellen, dass dieser langsamere und bewusstere Tagesbeginn auch deinem Kreislauf und deiner Stimmung gut bekommt. Und wenn du doch einmal schnurstracks aus dem Bett musst, zum Beispiel weil du verschlafen hast? Diese Mini-Meditation funktioniert auch prima unter der Dusche.

Engel während des Arbeitstages

In der größten Hektik sind die Engel genauso bei uns wie in den geruhsamen Momenten und in tiefer Meditation. Das einzige, was anders ist, ist unsere Wahrnehmung. Wir neigen dazu, immer das, was am lautesten auf uns eindringt, am wichtigsten zu nehmen. Die leise Stimme unserer Engel gerät dabei leicht ins Hintertreffen. Aber um nicht immer wieder der Macht der Gewohnheit auf den Leim zu gehen, haben wir ja unsere Erinnerungsdinge. Keiner merkt es, wenn du zum Beispiel während eines schwierigen Gesprächs den Edelstein in deiner Tasche kurz berührst und deinen Engel fragst: „Was würdest denn du jetzt sagen?" Es könnte aber sein, dass dir plötzlich Formulierungen „einfallen", die Türen zu neuen Lösungen öffnen.

Putzen und andere ungeliebte Routinearbeiten, ein Verkehrsstau oder das Schlangestehen beim Einkaufen werden zwar nicht schöner, aber vielleicht weniger eintönig, wenn wir sie zu einem kleinen Zwiegespräch mit den Engeln nutzen. Und wenn ich völlig überfordert und genervt bin, dann bitte ich meinen Engel darum, mir Geduld zu schenken oder auch die Kraft, mit klaren Worten deutlich zu sagen, wo meine Grenzen sind.

Es gibt Tage, an denen es mir wunderbar gelingt, durch Höhen und Tiefen mit den Engeln verbunden zu bleiben. Dann erlebe ich, wie sich mein Blick weitet, wie ich im Hier und Jetzt bleiben kann, wie mir alles leichter von der Hand geht und wie ich stabil und ausgeglichen bin. Und es gibt Tage, an denen mir die bewusste Verbindung zu den Engeln nur in wenigen, kostbaren Augenblicken oder sogar gar nicht gelingt. Wenn es dir auch so geht, dann mache dir keine Vorwürfe! Solche Schwankungen in unserer Bewusstheit gehören einfach zum menschlichen Leben dazu. Die Engel wissen das. Deshalb sind Selbstvorwürfe absolut überflüssig. Nimm stattdessen einfach wieder Kontakt zu deinem Engel auf und freue dich, dass dir der Perspektivenwechsel gelungen ist. Die Engel begleiten uns mit bedingungsloser Liebe und nehmen es uns nicht übel, wenn wir sie gelegentlich aus dem Blickfeld verlieren.

Mit Engeln den Tag ausklingen lassen

Wie du ihn begonnen hast, kannst du den Tag auch beschließen. Nimm dir vor dem Einschlafen einen Moment Zeit, danke den Engeln für die Begleitung während des Tages und bitte sie um eine erholsame und ruhige Nacht.

Du siehst, unser Alltag und die Engel sind keine Gegensätze. Die Engel sind mittendrin in unserer Welt. Sie wahrzunehmen und den Kontakt mit ihnen zu pflegen, ist weder zeitaufwendig, noch erfordert es eine Änderung deines gewohnten Lebensstils oder ausführliche Erklärungen gegenüber den Menschen in deiner Umgebung, wenn du das nicht möchtest. Dafür werden wir mit regelmäßigen Momenten der Entspannung, mit Offenheit und Gelassenheit beschenkt. Und wenn du möchtest, gibt es nahezu unendliche Möglichkeiten, den Kontakt noch zu vertiefen.

Den Kontakt vertiefen

Fällt es dir gar nicht so leicht, die Gegenwart der Engel einfach selbstverständlich anzunehmen und dich so ganz ohne Anleitung mit ihnen zu unterhalten wie mit einem guten Freund? Suchst du Ideen und Anregungen, wie du deinen Kontakt zu den Engeln verändern oder erweitern könntest? Oder möchtest du dir mehr bewusste Zeit mit den Engeln schenken und bist gespannt auf neue Erfahrungen mit ihnen?

Für alle diese Fälle habe ich im Folgenden verschiedene Möglichkeiten zusammengestellt, wie du deinen Kontakt zu den Engeln (neu) gestalten oder vertiefen kannst.

Engel-Affirmationen

Affirmationen sind kurze Sätze, die man sich immer wieder sagen oder für sich denken kann. Wenn wir sie nicht nur laut oder in Gedanken vor uns hinsprechen, sondern sie auch in unserem Herzen fühlen, dann kann sich die Energie, die sie enthalten, in der Welt manifestieren. Wenn dir der spontane Kontakt zu den Engeln nicht so leicht fällt, sei es, weil du dich erst vorsichtig herantastest oder weil du gerade eine schwierige Zeit durchmachst und die Verbindung zur geistigen Welt wie abgeschnitten erscheint, dann kannst du zum Beispiel eine der folgenden Affirmationen sprechen. Suche dir einfach aus, was dich am meisten anspricht, oder kreiere selbst einen Satz, der gut zu dir passt.

- Ich bin stets von Engeln behütet und begleitet.
- Ich nehme die Liebe der Engel dankbar an.
- Ich liebe den Kontakt zu meinen Engeln.
- Ich bin mehr und mehr in der Lage, Engel zu hören, zu sehen und zu spüren.

- Ich sehe das Göttliche in allem Leben.
- Engel beschützen alles, was mir lieb ist.
- Engel unterstützen mich, wann immer ich sie rufe.
- Meine Engel stärken meine Selbstheilungskräfte.

Wenn du gern mit Affirmationen arbeiten möchtest, aber spürst, dass dich Zweifel an ihrer Wirksamkeit beschleichen, wie wäre es dann mit:

- Affirmationen wirken bei mir immer kraftvoll.

Sprich deine Affirmation etwa drei Wochen lang regelmäßig jeden Tag. Danach solltest du eine klare Wirkung verspüren. Ist der Inhalt deiner Affirmation nach drei Wochen noch nicht erkennbar Wirklichkeit geworden, so gibt es in dir wahrscheinlich etwas, was die Affirmation ablehnt. Bitte in diesem Fall deine Engel, dir zu zeigen, was du tun kannst, damit das Gewünschte eintreten, also deine Affirmation Wirklichkeit werden kann. Bei Affirmationen, die den Kontakt zu den Engeln betreffen, klingt das zunächst wie ein Widerspruch. Aber auch hier gilt: Lasse dich überraschen! Denn wahrscheinlich wirst du die Antwort nicht durch eine Stimme, sondern scheinbar von außen erhalten, zum Beispiel durch ein Ereignis in deinem Umfeld oder einen Satz im Radio oder in der Zeitung, der dir besonders auffällt. Dann handle entsprechend und versuche es danach aufs Neue mit deiner Affirmation. Lasse dich nicht entmutigen: Man kann mit Affirmationen unglaublich viel erreichen, wenn man damit ernsthaft arbeitet, immer wieder prüft, überdenkt, fühlt und entsprechend handelt.

Engelgebete oder Engelbitten

Wie sollen wir unsere Gespräche mit den Engeln nennen? Gebete? Oder ist das Gebet einzig Gott vorbehalten? Und was überhaupt ist ein Gebet?
Dieser Frage bin ich lange nachgegangen und doch konnte ich nirgendwo eine Antwort finden, die mich überzeugt und vor allem den Unterschied zu anderen Formen andächtiger Rede erklärt hätte. Wenn ich aber versuche, Kopf und Herz zusammenzubringen, dann ist ein Gebet für mich eine Form

des achtungsvollen Zwiegesprächs mit dem Göttlichen. Welche Form das Göttliche dabei annimmt, ob es sich unmittelbar oder zum Beispiel in Gestalt eines Engels offenbart, ist zweitrangig. In meiner eigenen Gebetspraxis mache ich allerdings den Unterschied, dass ich meine Gespräche mit den Engeln nie mit „Amen" beende, sondern mit einem Satz des Dankes. Wenn es dir aber lieber ist, dann sprich ruhig von Engelbitten statt von Engelgebeten oder kreiere einen eigenen Begriff.

Aber warum überhaupt lange reden? Genügt nicht „Engel, hilf! Bitte jetzt!"? Natürlich, in Notsituationen sind derlei Stoßgebete oft vollkommen ausreichend. Wenn aber nicht unmittelbar Gefahr droht, dann liegt bereits im Formulieren unseres Anliegens der erste Schritt zur Lösung. Denn unsere Gedanken haben ungeahnte Kräfte. Ein anschauliches Beispiel bieten Dr. Masaru Emotos Fotos von Wasserkristallen, die durch Gedanken, in Gläser eingravierte Worte oder Musik bestimmte Formen annehmen. Gedanken sind Schwingungen, und die Materie folgt diesen Schwingungen. Wir können also sagen, dass eine klar formulierte Bitte bereits der Beginn ihrer Verwirklichung ist.

Wird diese Bitte außerdem laut ausgesprochen, so kann man sich leicht vorstellen, dass dies noch einmal verstärkend wirkt. Mit dem Sprechen verleihen wir unseren Gedanken einen schwingenden Ton. Natürlich können wir nicht zu jeder Zeit und an jedem Ort Gebete laut sprechen. Aber probiere es einmal aus, wenn du alleine bist oder in Gemeinschaft von Menschen, mit denen du zusammen beten möchtest.

Ob du deine Worte an einen bestimmten Engel oder Erzengel oder allgemein an „die Engel" richtest, das überlasse einfach deinem Empfinden im jeweiligen Augenblick. Sei gewiss, alle deine Bitten gelangen immer an die richtige Adresse.

Was du den Engeln sagen möchtest, ist an keine Form gebunden. Wähle deine Worte einfach frei. Falls dir das am Anfang noch schwer fällt, kannst du dich gerne an den folgenden Beispielen orientieren.

Meine lieben Engel und geistigen Helfer,
mehr und mehr bin ich bereit, die Welt der Engel
in mein Leben zu integrieren.

Doch ich würde Euch gerne noch mehr sehen, hören, spüren.
Ich bitte Euch, mich noch deutlicher sehen, hören und spüren zu lassen.
Ich bitte Euch, mich noch klarer und deutlicher wahrnehmen zu lassen.
Ich bin jetzt wirklich bereit dazu.
Ich danke Euch von Herzen!

Ihr lieben Engel,
ich weiß nicht, wer dafür zuständig ist…
Ich brauche dringend Hilfe bei meiner Wohnungssuche.
Bitte helft mir, eine passende und bezahlbare Wohnung zu finden, und zwar jetzt.
Bitte lasst mir bewusst werden, wo ich mir durch falsche Denkmuster selbst im Weg stehe und verhindere, dass mein Vorhaben gelingen kann. Ich bin jetzt bereit dazu, meine hinderlichen Gedankenmuster zu erkennen und zu verändern. Bitte helft mir dabei.
Ich danke Euch von Herzen!

Meine lieben Engel,
wenn heute [Name] zu mir kommt und mit mir Unangenehmes klären möchte,
dann bitte ich Euch bereits jetzt, bei mir zu sein.
Bitte helft mir, dass eine Klärung zum Wohle aller stattfinden kann.
Ich bitte Euch, helft mir dabei, die richtigen Worte zu finden.
Ich danke Euch von Herzen.

Liebe Engel der Liebe,
ich bitte Euch jetzt zu mir.
Ich bitte um Heilung meiner Gefühle.
Ich bitte um Heilung meines Herzens, meiner Verletzungen.
Bitte lasst mich wieder Liebe bedingungslos empfangen, spüren und geben können.
Ich danke Euch von Herzen!

Liebe Engel der Freude,
ich bitte Euch jetzt zu mir.
Bitte nehmt mir meine Traurigkeit, meine Schwere.
Bringt wieder Leichtigkeit und Freude in mein Leben.
Ich bin bereit, dafür zu verändern, was ich verändern muss.
Bitte zeigt mir, wie und unterstützt mich.
Ich danke Euch von Herzen!

Liebe Engel der Gelassenheit,
ich bitte Euch jetzt zu mir.
Meine Gelassenheit ist tief in mir vergraben.
Bitte helft mir auf sanfte Art und Weise, diese Gelassenheit in mir wieder freizulegen und sie zu leben.
Ich bitte Euch, macht mir bewusst, wie ich zu jedem Zeitpunkt meine Gelassenheit wieder leben kann.
Ich danke Euch von Herzen!

All meine Engel,
ich bitte Euch um Schutz und Kraft für den heutigen Tag.
Bitte helft mir, die Hintergründe für meine Kopfschmerzen zu erkennen.

oder

Bitte helft mir, die Probleme in meiner Partnerschaft zu klären und zu lösen.

oder

Ich brauche dringend Hilfe für eine friedliche Konfliktlösung mit meinem Chef.
Ich bin jetzt bereit dazu, die wahren Gründe zu erkennen und alles Notwendige in meinem Leben zu verändern.
Bitte helft mir, dass mir bewusst wird, was dahinter steckt und was ich ändern kann.
Ich danke Euch von Herzen!

Du kannst auch direkt die Erzengel ansprechen. Klassischerweise steht Michael für Schutz und Reinigung, Raphael für Heilung und Gabriel für Begleitung bei Neuanfängen. Gebete zu den Erzengeln können zum Beispiel lauten:

Lieber Erzengel Michael,
ich bitte Dich mit Deinen Engeln zu mir.
Bitte trenne alles Negative von mir ab und reinige meine Aura
und mein ganzes Energiesystem.
Ich bitte um intensiven Schutz für den heutigen Tag, diese Woche,
die nächste Zeit.
Ich danke Dir von Herzen!

Lieber Erzengel Raphael,
ich bitte Dich mit Deinen Engeln der Heilung zu mir.
Bitte sende Deinen smaragdgrünen Heilungsstrahl in meinen
Bauchraum, um meine Verdauungsprobleme zu heilen.
Wenn meinen körperlichen Beschwerden Dinge zugrundeliegen,
die ich noch nicht erkannt habe, so hilf mir bitte, diese zu erkennen
und zu lösen.
Ich danke Dir von Herzen!

Lieber Erzengel Gabriel,
Ich bitte Dich jetzt zu mir.
Bitte hilf mir bei allem Neuen, das durch meinen Berufswechsel
in der nächsten Zeit auf mich zukommt.
Bitte unterstütze mich mit Deiner Liebe und Geborgenheit.
Ich danke Dir von Herzen!

Unsere Gebete oder Bitten an die Engel und Erzengel brauchen nicht auf uns selbst begrenzt zu bleiben. Wir dürfen auch für andere bitten, sei es für einzelne Menschen, die uns am Herzen liegen, für bestimmte Gruppen, Regionen oder gar die ganze Welt. Solche Bitten fließen dann allerdings in ein anderes, oft größeres Schicksalsgefüge ein, und wir können nicht wissen, welche Veränderungen im Moment wirklich möglich und zum Besten aller sind, auch wenn wir sie uns noch so sehr wünschen. Wir dürfen aber gewiss sein, dass solche Bitten nie ungehört verhallen, auch wenn scheinbar nichts geschieht. Denn die Kraft unserer Gedanken wird nicht schwächer, wenn sie sich auf andere richtet, eher im Gegenteil. Wir können zum Beispiel formulieren:

> *Lieber Erzengel Raphael*
> *Ich bitte Dich mit Deinen Engeln zu meiner Tante Elfriede.*
> *Bitte unterstütze die Heilungsprozesse nach ihrer Operation durch*
> *Deinen smaragdgrünen Heilungsstrahl. Bitte hilf ihr,*
> *diese schwierigere Zeit mit mehr Leichtigkeit zu überstehen.*
> *Ich danke Dir von Herzen!*

> *Lieber Erzengel Raphael*
> *ich bitte Dich, mit all deinen Heilungsengeln dein Augenmerk*
> *auf die gesamte Erde zu lenken.*
> *Bitte heile mit allen deinen Engeln das Klima der Erde.*
> *Bitte hilf uns Menschen, eine andere Denkweise zu entwickeln,*
> *damit es unserer Erde wieder gut geht.*
> *Und ich bitte Dich, Erzengel Raphael, in allen Krisengebieten dieser*
> *Erde heilend zu wirken. Bitte sende Deine heilenden Kräfte in diese*
> *Gebiete, damit Frieden einkehren kann und Heilung an Mensch*
> *und Erde erfolgt.*
> *Ich danke Dir von Herzen!*

Im Gespräch mit den Engeln gibt es eigentlich nur zwei wichtige Dinge zu beachten. Das erste ist: Mache nicht zu viele Vorgaben, sondern überlasse den Engeln, wie sie deine Bitte erfüllen möchten. Sie sind in dieser Hinsicht geradezu unglaublich kreativ. Wenn du zum Beispiel um Hilfe in finanziellen Dingen bittest, dann erwarte nicht unbedingt den großen Lottogewinn. Vielleicht ist dir der gar nicht beschieden. Es könnte aber sein, dass dir plötzlich ein hilfreiches Buch in die Hände fällt, dass du von einem tollen Vortrag zum Thema erfährst, dass dir ein attraktiver Job angeboten wird, dass deine Krankenkasse doch einen größeren Anteil der Zahnarztrechnung übernimmt als gedacht oder dass du plötzlich feststellst, dass du gar nicht so viel brauchst wie du bisher immer geglaubt hast. Bitte voller Vertrauen und dann lasse dich einfach überraschen.

Das zweite Beachtenswerte ist die andere Hälfte des Gesprächs. Ich meine damit das Zuhören. Wenn du mit den Engeln sprichst, dann nimm dir nicht nur Zeit zu reden, sondern gib den Engeln auch Zeit zu antworten. Ganz gleich, ob die Antwort sofort kommt und ob du sie womöglich sogar als Stimme in deinem Innern hören kannst oder nicht, diese Zeit der Stille und des Lauschens öffnet dich für das Wirken der Engel. Sie intensiviert und vertieft euren Kontakt und macht dich empfänglicher und feinfühliger für die Art und Weise, in der deine Engel mit dir ganz persönlich kommunizieren möchten. Und selbst wenn scheinbar nichts geschieht, dann bist du doch diese wenigen Minuten lang bewusst aus dem Karussell deines Alltags ausgestiegen und hast in der Stille und in der Gegenwart der Engel auftanken können. Schon das allein ist ein Segen – finde ich jedenfalls.

Täglicher Schutz

In unserem Alltag dringt oft sehr Vieles gleichzeitig auf uns ein. Manches belastet uns direkt wie zum Beispiel ein schwieriges Gespräch, eine unangenehme Begegnung, ein übervoller Terminkalender, anderes betrifft uns eher indirekt wie zum Beispiel Verkehrslärm, Mitmenschen, die ständig mit dem Handy telefonieren müssen, oder auch die Nachrichten in Radio und Fernsehen. Bei alledem ist es gut, wenn wir eine Art schützende Hülle um uns wissen. Eine Hülle, die uns nicht abschottet, sondern wie ein feiner Filter dafür sorgt, dass nicht alles mit voller Wucht auf uns eindringt.

Mit so einer „Engel-Schutzhülle" kannst du dich jeden Morgen umgeben. Das ist so einfach wie Duschen oder Zähneputzen und beansprucht nur eine bis höchstens fünf Minuten. Doch die Chancen stehen gut, dass du den Tag danach gelassener und mit größerer innerer Sicherheit erlebst.

Schutzbeispiel 1 (ca. 2-3 Minuten)

Stelle dich bequem hin und schließe die Augen.
Konzentriere dich nur noch auf deine Atmung.
Atme tief ein und aus.
Spüre und visualisiere, wie in deiner Körpermitte durch deinen Atem eine blaue Blase entsteht, ganz klein. Und mit jedem Atemzug wächst diese blaue Blase.
Lasse sie mit jedem Atemzug weiter und weiter wachsen und sich ausdehnen. Solange bis diese blaue Blase deinen Körper ausfüllt und nun anfängt, sich außerhalb deines physischen Körpers auszubreiten.
Du stehst mitten in der Blase. In dieser wunderschönen blauen Blase.
Du bist nun völlig umhüllt von diesem Blau.
In diesem Zustand bitte die blaue Blase und auch andere Wesen (Engel, Meister, Gott – wen immer Du möchtest) liebevoll um Schutz für den heutigen Tag. Schutz vor Angriffen. Bitte um Schutz.
Halte dann einen Moment inne und öffne die Augen mit einem Ausatmen, das sich für dich gut anfühlt.

Schutzbeispiel 2 (ca. 3-5 Minuten)

Schließe deine Augen und konzentriere dich auf deinen Atem.
Spüre wie er fließt, ganz von selbst, ohne dein Zutun.
Bitte nun deinen Schutzengel oder, wenn du möchtest, auch Erzengel Michael mit den folgenden Worten oder Gedanken um Schutz:
Erzengel Michael (oder mein lieber Schutzengel) bitte schütze mich. Ich bitte um Schutz, damit alles Negative von mir abprallt. Bitte Michael, löse auch alte Dinge, die mir energetisch schaden und nicht zu mir gehören, jetzt mit deinem Lichtschwert von mir ab. Ich bitte um Schutz für mich, für meine Lieben, für mein Haus, für mein Auto, für ...
Versuche, während du diese Bitten sprichst oder denkst, Folgendes zu visualisieren: Sieh vor deinem geistigen Auge, wie dein Schutzengel oder Erzengel Michael schützend seine Flügel um dich oder deine Lieben legt. Spüre kurz, wie es sich anfühlt. Nun öffne deine Augen mit einem Atemzug, der sich gut anfühlt.

Schutzbeispiel 3 (ca. 1-2 Minuten)

Stelle, setze oder lege dich bequem hin und schließe deine Augen. Spüre, wie dein Atem fließt.

Visualisiere, wie über dir aus dem Himmel ein weißer Lichtstrahl auf die Erde fällt. Weiß, leicht und leuchtend ist dieses Licht. Mit deiner Bitte um Schutz an die geistige Welt trete nun in den Lichtstrahl hinein. Spüre, wie du mit diesem weißen Licht eine energetische Schutzschicht erhältst. Spüre, wie dein ganzer Körper erfüllt wird mit positiver und leichter Energie.

Bedanke dich bei der geistigen Welt und öffne die Augen mit einem Atemzug, der sich gut anfühlt.

Schutzbeispiel 4 (ca.30 Sekunden)

Wenn du deinen Schutz nochmal auffrischen möchtest, vielleicht für eine Situation, in die du gerade hineingerutscht bist, dann schließe kurz die Augen und denke oder sprich: „Meine lieben Engel, bitte helft mir jetzt und bitte schützt mich bei...!" Augen auf und durch. Auch das reicht schon aus.

Ich habe dir jetzt vier völlig unterschiedliche Beispiele gegeben, wie du deinen Schutz aktivieren kannst. Die Zeiten, die hinter jeder Schutzanleitung angegeben sind, sind natürlich nur Richtwerte. Ob es nun ein paar Sekunden dauert oder zwanzig Minuten, ist für unsere geistigen Helfer, für unsere Engel, wirklich nicht wichtig. Sicherlich fallen dir selbst kleine Schutzrituale ein. Nur zu, so etwas kann man wirklich ganz leicht selbst formulieren und umsetzen. Achte einfach darauf, dass es einfach umzusetzen ist, dass du leicht hineinspüren kannst und dass es sich gut anfühlt.

Engel-Meditationen

Immer wenn du dir etwas mehr Zeit gönnen kannst, sind geführte Meditationen eine wunderbare Möglichkeit, Kontakt zu den Engeln aufzunehmen und ihre Gegenwart zu erleben. Einige meiner schönsten habe ich hier für dich aufgeschrieben. Wähle einfach aus, was dich gerade am meisten anspricht.

Auch hier gilt: Es gibt keine Regeln und kein Muss. Lasse die Bilder, Gefühle, Wahrnehmungen kommen, die kommen wollen, und wenn nichts kommen will, ist das auch in Ordnung. Dann lausche einfach den Worten und genieße die Entspannung. Am Anfang fällt es oft schwer, aus dem Alltagsbewusstsein in die Ruhe zu kommen. Aber schon bald geht das sehr viel leichter, besonders wenn du dir regelmäßig deine ganz private kleine „Engel-Auszeit" nimmst.

Ziehe dich an einen ruhigen Ort zurück und sorge dafür, dass du etwa eine halbe Stunde lang nicht gestört wirst. Setze dich bequem auf einen Stuhl, so dass dein Rücken gerade ist und die Füße sicher auf der Erde stehen. Du kannst natürlich auch ein Meditationskissen verwenden oder dich auf einer Decke auf den Boden legen (im Bett besteht allzu leicht „Einschlafgefahr").

Nun gibt es mehrere Möglichkeiten, wie du mit den Meditations-Texten umgehen kannst:

- Du kannst den Text langsam und sorgfältig durchlesen. Schließe dann die Augen und lasse das Gelesene vor deinem inneren Auge ablaufen.
- Du kannst dir den jeweiligen Text auf Band sprechen und vielleicht sogar im Hintergrund sanfte Entspannungsmusik laufen lassen. Sprich den Text langsam und einfühlsam. Lasse dir viel Zeit und halte großzügige Pausen ein. Später kannst du dann, wann immer du möchtest, die von dir gesprochene Engel-Meditation anhören.
- Lasse dir die Meditation von einem lieben Menschen vorlesen. Er oder sie sollte langsam und einfühlsam sprechen und reichliche Pausen einhalten.

- Wenn du in einer Meditationsgruppe bist, kannst du den Text auch für die Gruppe vorlesen. Denke daran, langsam und einfühlsam zu sprechen und ausreichende Pausen einzuhalten.

Hier sind nun schöne Engel-Meditationen für dich. Viel Freude beim Meditieren.

Schutzengel-Meditation (auf CD erschienen, s. Literatur-Empfehlungen)

Wir schließen die Augen und atmen tief ein und aus. Wirspüren nur noch uns selbst. Alle Gedanken lassen wir vorbei- ziehen – wir schicken sie weiter – wir sind nur noch bei uns. *(kurze Pause)*

Es ist sehr früh morgens und wir stehen an einem kleinen See.
Es ist warm und die Tautropfen hängen an Gräsern, an den Blättern und an Blüten.
Die Sonne ist gerade aufgegangen und die Natur erwacht zu neuem Leben.
Lichter, weißer Nebel zieht sich über den Erdboden.
Eine leichte Atmosphäre durchdringt hier alles Leben.
Wir sitzen auf einem Holzstamm und nehmen den erwachenden Tag wahr. Wir schauen uns um. *(Pause)*

Neben den vielen Pflanzen, dem See können wir Leben erkennen, das auf anderen Ebenen zu Hause ist. Wir schauen genau hin.
Über dem leichten Nebel über der Wasseroberfläche des Sees sehen wir weißes Licht. Lichtpunkte tanzen schwerelos auf dem Wasser.
Wir schauen noch genauer hin.
Elfen, ja es sind Elfen. Sie kommen auf uns zu.
Kleine, liebe Wesen. Sie kommen näher.
Sie sind farbenprächtig und von weißem Licht umgeben.
Eine Elfe möchte zu und sprechen. Wir lauschen den Worten dieses liebevollen Wesens.
Sie erklärt uns, dass sie uns in das Reich der Engel führen möchte.

Gerne folgen wir dieser Aufforderung.
Die Elfen fliegen um uns herum und wir folgen ihnen auf die andere Seite des Sees.
Wir setzen uns und nehmen mit all unseren Sinnen wahr. *(Pause)*

Genau vor uns ist ein weißer Strahl aus Licht.
Wieder schauen wir genauer hin.
Ein wunderschöner Engel steht in diesem weißen Licht. Er ist ganz nah bei uns. *(Pause)*

Der Engel ist unser Schutzengel. Er reicht uns die Hand.
Wir berühren ihn sachte.
Über diese Berührung sind wir in der Lage, Worte und Gefühle auszutauschen.
Er hat eine Botschaft für uns. Wir nehmen wahr.
Wir nehmen jetzt die Botschaft dieses Engels in uns auf. *(Pause)*

Der Engel lässt uns wissen, dass er ein Geschenk für uns habe.
Ein Geschenk in Form von weißem Licht.
Aus seinem Herzen hüllt er uns in weißes Licht ein, in strahlend weißes Licht.
Wir sind eingehüllt in weißes Licht.
Wir spüren die Klarheit und die Reinheit.
Das weiße Licht, in dem alle Farben enthalten sind, spaltet sich nun auf in Rot, Orange, Gelb, Grün, Blau, Violett und Magenta.
Wir befinden uns nun in einem Regenbogen von leuchtenden Farben.
Wir füllen nun jede Zelle unseres Seins mit diesen Farben auf.
Ganz von alleine werden die jeweiligen Farben zu den entsprechenden Körperzonen geführt. Wir füllen uns auf, wir füllen uns auf mit Farben für unser Wohlbefinden. *(Pause)*

Wir danken unserem Schutzengel für diese wunderbare Erfahrung und verabschieden uns von ihm. Wir verabschieden uns auch mit einem

herzlichen Dankeschön von unserer Elfe.
Der lichte Nebel um uns herum ist mittlerweile verschwunden. Und unser Engel ist ebenfalls jetzt nicht mehr sichtbar.
Doch wir fühlen seine Anwesenheit.

Mit diesem Bewusstsein kommen wir zurück. Nun kommen wir langsam wieder zurück in diesen Raum. Wir kommen langsam zurück. Wir atmen tief ein und aus und wir spüren, wie wir zurück in das Hier und Heute kommen.
Mit unserer gesamten Aufmerksamkeit kommen wir zurück und öffnen die Augen mit einem Atemzug, der sich gut anfühlt.

Heilung für die Erde

Wenn wir gerne etwas für unsere Mutter Erde tun wollen, können wir wunderbar diese Meditation ausüben. Sie sollte nicht länger als 20 Minuten dauern. Die Pausen bitte immer einhalten, das ist sehr wichtig.

Wir schließen die Augen und atmen tief ein und aus. Wir spüren nur noch uns selbst. Alle Gedanken lassen wir vorbeiziehen – wir schicken sie weiter – wir sind nur noch bei uns. *(kurze Pause)*

Mit nackten Füßen stehen wir auf einer saftig grünen Wiese.
Die Vögel zwitschern, um uns herum ist alles voller Leben.
Diese Atmosphäre ist wunderschön, wir genießen. *(Pause)*

Wir spüren leichte Berührungen an unserer rechten und an unserer linken Hand.
Rechts neben uns sehen wir ein weißes Licht und links neben uns ebenfalls ein weißes Licht.
Wir schauen genauer hin, wir schauen uns dieses Licht genau an.
Langsam erkennen wir Konturen von Engeln. Große, hell leuchtende Wesen. Die Flügel unbeschreiblich schön.
Die beiden Engel tragen lange, wallende Gewänder. Die Leuchtkraft

dieser beiden Engel ist unglaublich intensiv.
Die Engel fragen uns, ob wir bereit seien, zusammen mit ihnen etwas für die Erde zu tun. Wir sind bereit.
Die Engel fragen, ob wir ihnen vertrauen. Wir sind voller Vertrauen.
Die Engel fragen, ob sie uns mitnehmen dürfen, um die Welt und das Heilungsgeschehen von oben zu betrachten.
Wir sind bereit für diese Erfahrung. *(kurze Pause)*

Beide Engel führen sanft ihre Hände über unseren Kopf.
Spürbar fließt nun reines weißes Licht in unsere Aura, in unser Energiesystem, in unseren Körper. *(Pause)*

Wir strahlen nun in dem gleichen göttlichen Weiß wie die beiden Engel an unserer Seite.
Langsam werden wir eins mit diesen beiden Lichtwesen.
Zusammen mit den Engeln heben unsere Füße sachte von unserer Wiese ab.
Wir gleiten sanft und langsam im Schutz und in Verbundenheit mit unseren Engeln immer höher und höher.
Unsere Wiese unter uns wird kleiner und kleiner. Der Landstrich wird zusehends kleiner und kleiner. Es lässt sich nun erkennen, dass die Erde rund ist.
Wir sehen nun unseren blauen Planeten als Ganzes vor uns. *(Pause)*

Eins mit unseren Engeln, nehmen wir schwerelos wahr. *(kurze Pause)*

Rechts und links können wir mehr und mehr strahlende Engel erkennen, die langsam im dunkelblauen All auftauchen.
Sie reihen sich aneinander, mehr und mehr Engel kommen und vergrößern den Kreis. So viele Engel bis sich der Kreis um die Erde auf der anderen Seite schließt.
Ein Lichtkreis aus purer Engelenergie schwebt sanft um unsere Mutter Erde. Und wir sind Teil davon.

Wie lautlos verabredet öffnen sich die Herzzentren aller Engel gleichzeitig.
Ein smaragdgrüner, mit Rosa umrandeter Strahl fließt aus den Herzzentren aller Engel in die Mitte des Kreises, wo sich unser Planet befindet.
Das Grün der Heilung, das Rosa der Liebesenergie, gespendet von unzähligen Engeln, vereint sich und fließt nun auf die Erde.
Heilung für alle Menschen, für alle Tiere, für alle Pflanzen – für alle Lebewesen in, über und auf der Erde...
Heilung für unsere Natur, für unsere Gewässer ...
Heilung für die Erde selbst. *(Pause)*

Die grüne und rosafarbene Energie ist jetzt auf der Erde. Und jede Seele, jedes Wesen, das möchte, kann sich nun davon nehmen. Und unsere Erde selbst nimmt diese Energie auf. *(Pause)*

Alle Engel im Kreis um die Erde wissen von unserer Anwesenheit.
Alle drehen sich nun zu uns und schicken uns weiße, strahlend weiße Energie. Als kleines Dankeschön für unsere Hilfe bekommen wir nun diese göttliche, weiße Energie von unzähligen Engeln.
Ein unbeschreiblich schönes Gefühl.
Wir bedanken uns bei all diesen Wesen.
Und langsam verschwinden sie wieder so lautlos wie sie gekommen waren.
Unsere beiden Engel rechts und links bringen uns nun langsam, ganz langsam zu unserer Wiese zurück.
Wir sehen unser Land von oben, wir sehen langsam unsere Wiese vor unseren Augen.
Sachte berühren wir mit unseren nackten Füßen den Rasen, die Natur.
Die beiden lichten Engel lösen sich und treten vor uns.
Mit einem liebevollen Lächeln halten sie sich an den Händen.
Wir sagen einfach nur Danke für diese wundervolle Erfahrung.
Langsam verblassen die Engel. Langsam sind sie für uns nicht mehr

sichtbar. Doch wir wissen, sie sind immer um uns. *(Pause)*

Nun kommen wir langsam wieder zurück in diesen Raum. Wir kommen langsam zurück. Wir atmen tief ein und aus und wir spüren, wie wir zurück in das Hier und Heute kommen. Mit unserer gesamten Aufmerksamkeit kommen wir zurück und öffnen die Augen mit einem Atemzug, der sich gut anfühlt.

Heilung für die Partnerschaft (bereits auf CD erschienen, s. Literatur-Empfehlungen)
Stress in der Partnerschaft ist ein großes Thema in unserer Gesellschaft. Hier ist eine Meditation, in der uns ein Engel Heilenergie für zwei Herzen anbietet. Die Meditation kann auch wunderbar als Paar durchgeführt werden. Sie sollte nicht länger als 15 bis 20 Minuten dauern und die angegebenen Pausen sollten eingehalten werden. Eine sanfte Musik im Hintergrund kann für diese Meditation sehr förderlich sein.

Wir schließen die Augen und atmen tief ein und aus. Wir spüren nur noch uns selbst. Alle Gedanken lassen wir vorbei-ziehen – wir schicken sie weiter – wir sind nur noch bei uns. *(kurze Pause)*

Gedanklich bitten wir nun den Engel der Liebe zu uns. Jetzt bitten wir den Engel der Liebe zu uns. Und vor unserem geistigen Auge sehen wir eine zarte Engelgestalt Form annehmen.
Ganz zart und schwach sind die Konturen, doch sie werden stärker und klarer. Direkt vor uns erscheint jetzt der Engel der Liebe. In einem prachtvollen, strahlenden Weiß mit einem hellrosa Schimmer und einer grünen Aura nimmt der Engel der Liebe jetzt Kontakt zu uns auf. Wir spüren unsere Aura um uns herum, wie sie pulsiert und in Bewegung ist. Die Aura unseres Engel vermischt sich nun mit unserem Energiefeld.Nach und nach verbinden wir uns immer mehr mit dem Engel der Liebe. *(kurze Pause)*

Wir visualisieren jetzt unseren Partner/unsere Partnerin. Wir holen gedanklich unsere Partnerin/unseren Partner zu uns.
Langsam erscheint wie gewünscht die weitere Person vor uns.
Wir sehen, wie sich deren Energiefeld ebenfalls langsam mit der Aura des Engels der Liebe verbindet.
Wir sind nun alle drei energetisch miteinander verbunden. Der Engel der Liebe hält die Verbindung aufrecht. Er strahlt voller Hingabe und ist die pure Liebe.
Nun lässt der Engel der Liebe die Farbe Rosa in unser aller Energiefeld einströmen. Wir spüren, wie dieses warme, weiche, liebevolle Rosa in unsere Aura fließt und unseren grobstofflichen Körper erreicht. Unser gesamter Herzraum wird erfüllt von dieser wunderbaren, unbeschreiblichen Energie.
Genauso geschieht es bei unserem Partner/unserer Partnerin. Wir sind alle völlig eingebunden in das Band der Liebe.
Unsere Energiefelder sind Kraft der Liebe miteinander verbunden und unser Engel hält diese Energie aufrecht.
Diese Energie erreicht unsere Herzen und lässt Heilung darin stattfinden. Die Heilung der Gefühle, die Heilung unseres Herzens, wird jetzt in Gang gesetzt.
Das Rosa erreicht uns dort, wo wir am meisten verletzt sind, dort, wo unser Fluss der Liebe am meisten blockiert ist.
Genau dorthin fließt jetzt die sanfte Energie der Heilung, die unser Engel einfließen lässt. *(kurze Pause)*

Langsam lösen sich unsere persönlichen Energiefelder, unsere Auras, wieder voneinander. Der Engel der Liebe lässt nun noch weißes Licht der Klarheit und Reinheit in uns hineinströmen, um die eben vollzogene Heilung der Gefühle zu manifestieren.
Wir werden nun erfüllt von weißem Licht. In diesem weißen, strahlenden Licht verabschiedet sich unser liebevoller Engel mit einem sanften Lächeln. Auch unsere(n) Partnerin/Partner lassen wir nun wieder gehen.
Wir bedanken uns von ganzem Herzen für die Heilung und diese

Erfahrung.
Mit dem Bewusstsein, dass wir zu jeder Zeit wieder hierher zurückkommen können, um Heilung zu erfahren, kommen wir zurück in das Hier und Jetzt. Wir kommen jetzt zurück in diesen Raum.
Und mit einem Atemzug, der sich gut anfühlt, öffnen wir die Augen.

Integration von Wohlstand und Reichtum (bereits auf CD erschienen, s. Literatur-Empfehlungen)
Diese Meditation kann deutlich klar machen, wie es sich anfühlt, wenn man nichts hat. Sie macht aber auch klar, dass es niemanden gibt, der in seinem Inneren nichts hat. Und durch das Akzeptieren und die Projektion nach außen unter Nutzung des kosmischen Gesetzes „Wie innen so außen", kann sich sehr wohl auch äußerlicher Reichtum einstellen. Diese Meditation geht auch einen speziellen Glaubenssatz an, der absolut überholt ist. Die Meditation sollte 15 bis 20 Minuten nicht überschreiten und die Pausen sollten genau eingehalten werden.

Wir schließen die Augen und atmen tief ein und aus. Wir spüren nur noch uns selbst. Alle Gedanken lassen wir vorbei-ziehen – wir schicken sie weiter – wir sind nur noch bei uns. *(kurze Pause)*

Wir stellen uns vor, wie wir auf einem asphaltierten Platz stehen. Ganz alleine und außer der Kleidung, die wir tragen, besitzen wir nichts. Wir stehen jetzt auf diesem großen Platz. Hart ist der Boden, keine Menschenseele weit und breit.
Wir sind alleine und wir sind arm, wir haben nichts. Wir haben kein Dach über dem Kopf, wie haben nichts zu essen, wir haben keine finanziellen Mittel und wir haben keine Freunde.
Wir spüren die Schwere, die uns hier einholt.
Wir sind alleine, ganz alleine. Keine Perspektiven, alleine und arm. Wir haben nichts. *(kurze Pause)*

Doch in unserem Herzen spüren wir Liebe, wir spüren Mut, wir spüren

die Kraft in uns.
Diese Gefühle dürfen sich jetzt weiter ausdehnen. *(kurze Pause)*

Wir haben die Kraft, in uns Dinge zu verändern. Wir selbst sind die größte Kraft, die uns zur Verfügung steht. Doch wir sind alleine. Keiner ist an unserer Seite.
Daher bitten wir jetzt Kraft unserer Gedanken den Engel des Wohlstands zu uns.
Wir sehen vor unserem geistigen Auge, wie ein Lichtpunkt auf uns zukommt. Er kommt näher und näher. Der Lichtpunkt wird immer größer und größer und wir erkennen im Inneren dieses Lichts einen roten Funken.
Mittlerweile ist dieser Lichtpunkt zu einem großen Lichtball geworden, der direkt vor uns zum Stillstand kommt.
Wir schauen genau hin. Es ist ein Engel, es ist unser Engel des Wohlstands und Reichtums.
Er lässt uns wissen, dass Wohlstand und Reichtum jedem Wesen auf diesem Planeten zustehen, so auch uns. Weiter sendet er uns das Gefühl, dass wir nicht denken sollen, Spiritualität und Reichtum auf irdischer Ebene passten nicht zusammen. Ganz im Gegenteil. Es gehört zu unserem Geburtsrecht, im Innen und im Außen reich zu sein.
Der Engel zeigt uns jetzt mithilfe seines Lichtballs, welchen Reichtum wir bereits in uns haben. Wir lassen uns darauf ein und er zeigt uns unseren inneren Reichtum jetzt ... *(2 Minuten Pause)*

Erstaunlich, was wir alles in uns haben und nicht als Reichtum erkennen.
Der Engel erklärt uns weiter, dass das kosmische Gesetz „Wie innen so außen" immer seine Wirkung hat. Er macht uns klar, dass wir unseren inneren Reichtum anerkennen sollen. Genau in dem Moment wird der Wohlstand und Reichtum auf das Außen übertragen und kann sich in der physischen Welt manifestieren.
Mithilfe unseres liebevollen Engels beschließen wir jetzt, unseren inneren Reichtum anzuerkennen und uns dessen in vollem Maße bewusst zu

werden. Wir erkennen unseren inneren Reichtum an. Wir erkennen jetzt unseren inneren Reichtum an. Ab heute erlauben wir unserem inneren Reichtum, sich auch im Außen zu manifestieren. Wir erlauben uns ab sofort, in Wohlstand und Reichtum zu leben, weil wir es verdient haben und es uns zusteht.
Wir fühlen unser Herz, unsere Emotionen, wir fühlen den inneren Reichtum. *(kurze Pause)*

Und wir fühlen jetzt, wie dieser innere Reichtum nach außen strahlt. *(kurze Pause)*

Wir bedanken uns bei unserem Engel des Reichtums für diese wunderbaren Erlebnisse und Hinweise. Mit dem Gefühl, dass wir im Innern bereits reich sind und sich dieser Reichtum jetzt im Außen manifestieren kann, kommen wir zurück in das Hier und Jetzt. Wir kommen jetzt zurück in diesen Raum. Mit einem Atemzug, der sich gut anfühlt kommen wir zurück in das Hier und Jetzt und öffnen unsere Augen.

Kulturreise mit unserem Engel

Dies ist eine Meditation, die man wunderbar Gruppen oder auch einzelnen Meditierenden vorlesen kann. Sie dauert etwa 45 Minuten. Mit dieser wunderschönen Reise kannst du in ferne Kulturen hineinspüren, Vertrauen zu Engeln aufbauen und letztendlich das gesamte Energiesystem mit Energie erfüllen. Diese Meditation dient auch ganz speziell zum Auftanken und Ordnen von eigenen Energien.

Wir konzentrieren uns auf unseren Atem. Wir atmen tief ein und wieder aus. ... ein ... und ... aus ...
Wir spüren, wie unser Atem fließt. Wie er unseren Körper erfüllt, wie er jede Zelle erfüllt ... Ohne unser Zutun fließt unser Atem und versorgt unser System. *(kurze Pause)*
Vor unserem geistigen Auge entsteht ein Regenbogen.
Ein Regenbogen von unglaublichem Ausmaß. Wir sehen diesen Regen-

bogen klar und deutlich vor uns in strahlenden Farben. Von Rot am unteren Rand über Orange, Gelb, Grün, Türkis, Hellblau, Königsblau bis hin zu Violett am oben Rand. Kräftige, strahlende Farben, zum Greifen nah.
Wir stehen direkt am Beginn des Regenbogens.
Gedanklich bitten wir nun unseren Engel der Führung zu uns.
Direkt neben der Farbe Rot erscheint unser Engel.
Erst sehr schwach und schemenhaft, doch dann kräftig und lichtvoll.
Unser Engel nimmt uns an der Hand und lächelt uns liebevoll an.
Langsam gehen wir auf den roten Teil des Regenbogens zu und konzentrieren uns auf die Farbe Rot.
Wir werden von diesem warmen Rot angezogen und treten ein in dieses Rot des Regenbogens.
Im Rot ist es uns nun möglich zu reisen.
Getragen vom Rot des Regenbogens, gleiten wir mit unserem Engel diesen Farbstrahl hinauf.
Wir sehen unsere Welt von oben, unseren Heimatort unser Land und unseren Kontinent.
Noch immer schweben wir in dieser warmen Farbe und sehen in der Ferne unter uns, geschützt und getragen von unserem Engel *(kurze Pause)*

Afrika, wir sehen Kenia.
Langsam schweben wir hinab in dieses Land, in die Hitze Afrikas, in die Weite Kenias.
Mit unseren Füßen berühren wir nun die Steppe, die warme Erde. Wir spüren die heiße Sonne.
Wir bleiben in unserem roten Farbstrahl des Regenbogens zusammen mit unserem Engel und lassen das Rot dieses Landes, dieser Gegend, jetzt aus der Erde in unsere Füße strömen, in unsere Unterbeine, in unsere Knie, in unsere Oberschenkel, in unsere Genitalien, bis in den unteren Beckenbodenbereich.
Hier wird jede Zelle mit der Farbe Rot und der wunderbaren Wärme aufgefüllt. Wie von selbst durchdringt diese Kraft und Energie unser

Gewebe, unsere Zellen.
Während wir uns unsere Umgebung genauer anschauen, die Weite Afrikas, die Steppe, in der Ferne eine Herde Giraffen, die sanft durch die Steppe schreitet. Auf der anderen Seite eine kleine Elefantengruppe, freundlich und sanft. Etwas weiter eine Antilopenherde, die hochspringend über die Hindernisse hinweg gleitet.
In der anderen Richtung sehen wir einen stolzen Massai mit strahlend rotem Gewand. Er beobachtet uns und kommt lächelnd auf uns zu, als hätte er uns erwartet. Direkt vor uns können wir nun die von der Sonne gegerbte Haut und die Kraft und Stärke des Kriegers wahrnehmen.
In seiner Hand hat er ein kleines Geschenk für uns, dass er uns jetzt überreicht. Ein Symbol von Kraft, Stärke und Ausdauer und Durchsetzungskraft.
Dankend nehmen wir das Geschenk an. (*kurze Pause)*

Wir spüren, wie sich unsere Füße nun langsam wieder vom afrikanischen Boden lösen, Seite an Seite mit unserem Engel.
Der rote Strahl unseres gewaltigen Regenbogens leitet uns weiter in den orangefarbenen Strahl.
Wir spüren, wie sich die kraftvolle Rotenergie in eine aufmunternde Orangewelle verwandelt, während wir uns immer weiter von Afrika entfernen.
Wir gleiten in unserem Regenbogen, in der Farbe Orange. Lächelnd hält unser Engel unsere Hand.
Unsere Welt von oben betrachtend, sehen wir, wie wir uns langsam Australien nähern.
Unsere Reise im orangefarbenen Strahl führt uns direkt nach Australien.
Direkt unter uns sehen wir Ayers Rock und langsam gleiten wir zur Erde.
Behütet von unserem Engel spüren wir den australischen Boden mit unseren Füßen. Und vor uns der riesige Felsbrocken Ayers Rock, zum Greifen nahe. (*kurze Pause)*

Wir spüren, wie dieser Felskoloss orangefarbene Energie auf uns ein-

strömen lässt. Diese orangefarbene Energie manifestiert sich in unserem Unterbauchbereich. Wir spüren die wohlige Wärme des orangen Farbtons, wie sie jede Zelle im Unterbauch auffüllt. Wir werden aufgefüllt mit purer Lebensfreude.
Die Energie der reinen Lebensfreude lassen wir nun von unserem Unterbauchbereich in unser gesamtes Sein strömen. Unser Engel ist uns hierbei behilflich.
Wir schauen uns die Umgebung genauer an.
Eukalyptusbäume auf der einen Seite, auf der anderen Seite sehen wir, wie ein paar Kängurus miteinander spielen. Voller Freude hüpfen sie spielerisch wie kleine Kinder. Ein freudiges Schauspiel.
In der Ferne sehen wir einen Ureinwohner Australiens auf einem Didgeridoo unglaubliche Laute hervorbringen. Langsam gleiten wir mit unserem orangen Regenbogenstrahl zu diesem Mann und lauschen auf die Musik dieses Instrumentes.
Er hört auf zu spielen, greift in seine Tasche und überreicht uns ein kleines Geschenk, das uns für alle Zeit an unsere Lebensfreude erinnern soll. Völlig berührt von dieser Geste nehmen wir das Geschenk dankend an. *(kurze Pause)*

Langsam gleiten wir in unserem orangen Regenbogenstrahl wieder hinauf. Wir verlassen den fünften Kontinent unserer Erde, getragen von unserem liebevollen Engel.
Der orangefarbene Strahl lässt uns nun in den gelben Strahl unseres Regenbogens gleiten.
Umgeben von sonnigem Gelb sehen wir unter uns unseren Planeten.
Wir sehen Europa, wir sehen Nordeuropa und gleiten in unserem gelben Strahl langsam hinab.
Umgeben vom gelben Strahl und geführt von unserem Engel nehmen wir wahr, wie wir nun in einer keltischen Gegend direkt im mittelalterlichen Markttreiben landen. Sachte berühren unsere Füße den sonnenerwärmten Marktplatz. Sanfte Harfenklänge erreichen uns.
Wir nehmen die freudigen Emotionen der Menschen wahr. Während

der gelbe Strahl unseres Regenbogens unseren Oberbauchbereich mit der Farbe Gelb auffüllt. Die sanften Klänge der mittelalterlichen Musik verstärken dieses Sonnengelb in unserer Magengegend. Wir lassen uns auffüllen mit diesem Gelb, wodurch uns unser gesamtes Wissen und unsere Weisheit bewusst werden. Das Gelb füllt jede Zelle unserer Magengegend auf und harmonisiert unsere Emotionen und lässt unsere inneren Ängste verblassen.
Eine mit einem langen Gewand gekleidete Dame kommt mit elfengleichen Bewegungen langsam auf uns zu. Sie überreicht uns ein kleines, wunderschönes Geschenk aus dieser Zeit von diesem Ort.
In tiefer Dankbarkeit nehmen wir das Geschenk an. *(kurze Pause)*

Langsam heben sich unsere Füße vom Boden und wir gleiten mit unserem Engel im gelben Strahl nach oben.
Nun tauchen wir in den grünen Strahl unseres Regenbogens ein. Unser Engel trägt uns jetzt vom gelben in den grünen Strahl unseres Regenbogens, während wir die Welt von oben wahrnehmen. *(kurze Pause)*

Wir nähern uns nun Indonesien, der Insel Bali.
Sachte setzen unsere Füße, umgeben vom grünen Strahl des Regenbogens, auf dem balinesischen Boden auf. Unser Engel achtet darauf, dass alles ganz ruhig und sanft geschieht. *(kurze Pause)*

Wir schauen uns um. Wir sehen die weiten, stufenförmigen Reisfelder, wir sind direkt im grünen Herzen der Insel. Freundliche Menschen schauen uns mit einer unglaublichen Herzenswärme an.
Die Weite der Landschaft, das Grün der Natur erfüllt unsere Herzgegend mit der Farbe Grün. Wir spüren die Weite, die Grenzenlosigkeit und Herzenswärme in unserer eigenen Herzgegend, während unser Brustbereich sich mit der Farbe Grün füllt. *(kurze Pause)*

Grün, die Farbe der Freiheit, des Neubeginns. Mit jedem Atemzug atmen wir dieses Grün, verstärkt vom Grün unseres Regenbogenstrahls,

in uns ein. Wir spüren die Leichtigkeit und die Herzlichkeit, die sich jetzt in uns ausbreitet.
Ein freundlicher Einwohner der Insel der Götter kommt nun auf uns zu und schließt uns in seine Arme. Wir spüren die herzliche, freundliche und warme Energie, die direkt von Herz zu Herz fließt. Als kleines Geschenk wird uns nun etwas ganz leise ins Ohr geflüstert, ein Wort, ein Satz, eine Botschaft. Dankbar lösen wir die Umarmung und spüren, wie wir den balinesischen Boden nun wieder verlassen. *(kurze Pause)*

Zusammen mit unserem Engel sehen wir weit unter uns Bali, die Götterinsel, immer kleiner werden.
Und sachte gleiten wir nun in einen zarten, türkisen Strahl unseres Regenbogens. Getragen vom Türkis gleiten wir über die Meere der Welt. Zusammen mit unserem Engel, der liebevoll und schützend an unserer Seite ist. *(kurze Pause)*

Weit unten scheint sich das Meer zur Seite zu schieben um etwas alleine für uns freizugeben. Im zarttürkisfarbenen Strahl gleiten wir näher heran.
Atlantis, uns wird jetzt Atlantis gezeigt. Eine Stadt, ein Landstrich, Atlantis. Im türkisweißen Licht zeigt sich uns jetzt Atlantis.
Sachte berühren unsere Füße den Boden dieser versunkenen Kultur.
Uns ist es jetzt gestattet, die Energie von Atlantis in uns aufzunehmen.
Türkis strahlt aus der gesamten Umgebung direkt auf und in unseren oberen Brustbereich. Wir schauen uns um, wir schauen uns um, während unser oberer Brustbereich mit türkisfarbener Atlantisenergie aufgefüllt wird. *(kurze Pause)*

Wir sehen Gebäude aus kristallklarem Material. Wir sehen haushohe Bergkristalle, Aquamarine, Türkise. Ein unglaubliches Lichtspektakel tut sich uns nun auf. Wir genießen diese Eindrücke.
Langsam führt uns unser türkisfarbener Regenbogenstrahl zu einem gewaltigen Bergkristall mit einer leuchtenden Spitze. Wir können er-

kennen, dass dieser Stein lebt. Am Fuße dieses riesigen Bergkristalls fällt ein kleines Stück dieses Kristalles direkt vor unsere Füße. Ein Geschenk für uns. Ein Geschenk, das die Energie dieser Zeit, dieser Kultur in sich trägt. Dankbar nehmen wir diesen Stein an. *(kurze Pause)*

Aufgefüllt mit der Farbe Türkis, spüren wir, wie wir mit unserem Engel im türkisfarbenen Strahl langsam den Boden verlassen.
Von oben nehmen wir wahr, wie das Meer Atlantis wieder einhüllt.
Mit dem Bewusstsein, zu jeder Zeit wieder hierher zurückkehren zu können, schweben wir weiter und gleiten vom türkisfarbenen Strahl in den hellblauen Strahl unseres Regenbogens.

Weit unter uns sehen wir Grönland. Langsam gleiten wir hinab und berühren sachte den Eisboden Grönlands. Über uns der hellblaue, wolkenlose Mittagshimmel, unter uns das Eis und in der Ferne das Meer.
Wir sehen, wie sich das helle Blau des Himmels und das Weiß des Eises zu einer hellblauen Energie vereinen. Unser Engel und wir genießen diese Eindrücke.
Verstärkt durch den hellblauen Strahl des Regenbogens, lassen wir nun dieses Hellblau in unsere Halsgegend fließen. Unser gesamter Halsbereich wird angefüllt mit diesem hellen Blau.
Wir nehmen die Ruhe wahr, die sich von unserem Hals aus auf unseren ganzen Körper ausbreitet.
Während wir diese hellblaue Energie genießen, schauen wir uns um. Wir sehen Schlittenhunde, die freudig einen Schlitten ziehen. Mit lautem Gebelle und voller Vertrauen. In der Ferne sehen wir sanfte Erhebungen auf dem glatten, eisigen Boden. Unser hellblauer Strahl des Regenbogens und unser Engel führen uns direkt dort hin.
Es sind Iglus, kleine kugelförmige Häuser aus Eis. Freudig kommt eine Familie aus ihrem Haus, um uns zu begrüßen. Die Eskimos freuen sich sichtlich über unseren Besuch. Ein kleines Eskimokind überreicht uns eine kleine Figur aus Eis. Manifestiertes Wasser auf Zeit, ein kleines Geschenk für uns, das eine deutliche Botschaft für uns enthält. *(kurze Pause)*

Wir bedanken uns. Nun sind wir angefüllt mit dem hellen Blau und sachte verlassen wir Grönland. Winkend sehen wir von oben, wie die Eskimofamilie immer kleiner erscheint. *(kurze Pause)*

Unser hellblauer Regenbogenstrahl lässt uns nun weitergleiten in den kräftigen, königsblauen Strahl. Wir schweben, gehalten von unserem Engel, im königsblauen Regenbogenstrahl über unsere Welt. Unter uns können wir Asien erkennen. Indien, wir sehen direkt unter uns Indien.
Immer näher kommen wir dem indischen Boden. Sachte setzen unsere Füßen auf dem Boden auf. Wir stehen am Rande eines heiligen indischen Flusses, eingehüllt in unseren königsblauen Strahl.
Wir lenken unsere Aufmerksamkeit auf unsere Stirn und spüren, wie durch die Energie des Landes und unseren Regenbogenstrahl unser gesamter Stirnbereich mit dieser königsblauen Energie angefüllt wird. Unser Engel hilft uns, diese Energien fließen zu lassen.
Indische Klänge erreichen uns und wir fühlen uns wohl. *(kurze Pause)*

Wir spüren, wie sich unsere Wahrnehmung erweitert. Wir nehmen Dinge wahr, die uns zuvor verschlossen blieben. Wir vertrauen dieser Wahrnehmung und tauchen unsere Hand in diesen heiligen, indischen Fluss und benetzen unsere Stirn mit dem Wasser. Noch einmal wird unsere Wahrnehmung verstärkt.
Wir schauen uns um. Wir nehmen wahr. *(kurze Pause)*

Liebevolle Dinge und Wesen, die uns vor unserer Reinigung und Energetisierung unseres dritten Auges verborgen geblieben sind. Eine weitere engelsgleiche Wesenheit erscheint vor unserem geistigen Auge und überreicht uns ein kleines Fläschchen mit dem Wasser des heiligen Flusses. Wir bedanken uns für dieses wertvolle Geschenk.
Völlig aufgefüllt mit der Farbe Königsblau trennen sich unsere Füße vom indischen Boden und sachte gleiten wir wieder höher und höher. Unseren Engel nehmen wir noch klarer wahr als je zuvor. Der königsblaue

Strahl lässt uns nun sachte in den violetten Strahl unseres Regenbogens wechseln. *(kurze Pause)*

Umgeben von einem tiefen Violett gleiten wir wieder über unseren Planeten. Wir genießen die Freiheit und die Wahrnehmung aus dieser Perspektive.
In der Ferne sehen wir das Dach der Welt, Tibet! *(kurze Pause)*

Wir nähern uns dem tibetischen Gebirgsland. Schon aus der Ferne können wir die besondere Ausstrahlung dieses Landes spüren. Unser violetter Regenbogenstrahl lässt uns sachte mit unseren Füßen auf tibetischem Land aufkommen.
Eine unbeschreibliche Atmosphäre, eine einzigartige Energie! Wir stehen in unserem violetten Strahl direkt vor einem tibetischen Kloster. In der Ferne hören wir sanfte tibetische Tempelklänge.
Uns ist es jetzt gestattet, in die Klosteranlage einzutreten. Durch eine große Pforte sehen wir die tibetischen Mönche. Diese Energie in diesem Bauwerk lässt das Violett unseres Regenbogens noch stärker werden. Unser Engel ist stets an unserer Seite und führt uns.
Wir spüren, wie dieses Violett nun unseren Oberkopfbereich erfüllt. Jede Zelle wird mit einer unbeschreiblichen Farbintensität angefüllt. Wir schauen uns weiter um und nehmen die Mönche wahr. Einer dieser Mönche kommt nun langsam auf uns zu. Mit einem Lächeln hält er ein kleines Geschenk in seiner linken Hand. Ohne ein Wort zu sprechen, überreicht er uns das Geschenk und sendet uns parallel dazu liebevole Gedanken. Wir nehmen die Gedanken wahr. *(kurze Pause)*

Wir spüren, wie unser Kopfbereich freier wird. Dankend nehmen wir das Geschenk an.
Unser violetter Regenbogenstrahl führt uns aus dem tibetischen Gebäude hinaus. Wir spüren wie unsere Füße sanft den tibetischen Boden verlassen. *(kurze Pause)*

Schwebend über unserer Erde fühlen wir uns wohl, frei und ausgeglichen.
In der Ferne nehmen wir den Ausgangspunkt unserer Reise wahr.
Wir kommen näher und sachte lässt uns unser Engel im Regenbogen auf die Erde gleiten.
Nun sind wir exakt an dieser Stelle, an der wir gestartet waren. Wir verlassen nun die Farben unseres Regenbogens und schauen uns, zusammen mit unserem treuen Begleiter – unserem Engel, den Regenbogen noch einmal von außen an.
Langsam fangen die Farben an, sich zu vermischen. Die Farben des Regenbogens vermischen sich, sie verwirbeln und werden zu einem großen weißen Strahl. Wir betreten diesen weißen Strahl jetzt. Dieser weiße Strahl reinigt jetzt unser feinstoffliches und unser grobstoffliches System. Alles, was wir an Verunreinigungen angezogen und gespeichert haben, übergeben wir jetzt dem strahlend weißen Strahl. *(kurze Pause)*

Nachdem wir den Strahl verlassen haben, bedanken wir uns für die wunderbaren Erfahrungen.
Langsam löst sich der Strahl, unser Regenbogen, jetzt auf.
Unser liebevoller Engel tritt vor uns mit einem sanften Lächeln. Wir bedanken uns bei ihm für seine Begleitung. Und auch er wird immer blasser und ist für uns nun nicht mehr sichtbar.
Wir kehren langsam zurück in diesen Raum. Langsam kehren wir zurück in diesen Raum. Wir nehmen unsere Atmung wahr. Und mit einem Atemzug, der sich gut anfühlt, öffnen wir die Augen und sind im Hier und Jetzt.

Mein kleiner Engel Schiela

(Kinder-Meditation für alle von 3 bis 99 Jahre)
Eine Meditation, die man gerne mit seinen Kindern gemeinsam machen kann. Besonders schön ist es, danach noch ein wenig zu erzählen, was jeder so erlebt hat. Oft kommen da die spannendsten Geschichten heraus, gerade

wenn man über das Geschenk spricht, das der kleine Engel übergibt und das für jedes Kind anders aussieht. Wenn dein Kind noch nie meditiert hat, solltest du vielleicht vorher ein paar erklärende Worte sagen, wie z.B.: Hier erzähle ich dir jetzt eine Geschichte und du brauchst dir einfach nur vorzustellen, was ich erzähle. In der Regel können Kinder das viel besser als wir Erwachsenen. Die Meditation sollte 15 bis 20 Minuten nicht überschreiten. Bitte langsam vorlesen und die Pausen einhalten, damit die eigene Wahrnehmung des Kindes gefördert werden kann.

Wir legen uns jetzt bequem hin und schließen unsere Augen. Und wir stellen uns alles bildlich vor, was wir jetzt hören und wir können es sogar auch fühlen. Also wir schauen jetzt nur noch mit unserem inneren Auge, was alles passiert. *(kurze Pause)*

Wir liegen jetzt gedanklich auf einer schönen Decke in einem großen Park. Die Wiese unter unserer Decke ist ganz weich. Der Baum, der uns Schatten spendet mit seinen hohen Ästen, lässt seine Blätter im sachten Sommerwind wehen. Wir hören Vögel zwitschern um uns herum, wir sehen in der Ferne Menschen mit ihren kleinen Hunden rennen.
Und plötzlich sehen wir, wie eine kleine Regenbogenkugel über der Wiese schwebt. Nein, es ist kein Ball, den ein anderes Kind geworfen hat. Es ist eher eine Kugel aus zartem Licht, die in allen Farben strahlt. Eine kleine Regenbogenkugel, sie schwebt einfach über der Wiese. Oh wie schön, da wollen wir doch mal hingehen und genau schauen, was das ist.
Geistig stehen wir langsam auf und gehen auf die Kugel zu, doch immer wieder geht sie genau in eine andere Richtung. Sie ist schnell und trotzdem sanft. Wir gehen wieder zurück auf unsere Decke und beobachten diese wunderschöne Regenbogenkugel aus der Ferne.
Da kommt die Kugel doch ganz langsam auf uns zugeschwebt. Ganz langsam kommt sie näher und näher. Und jetzt sehen wir erst die wundervollen, kräftigen Regenbogenfarben, die die Kugel ausstrahlt.
Die Kugel lässt sich sachte auf unsere Decke direkt vor uns gleiten. Wir

sehen einen kleinen Engel in dieser Kugel, der lustig in dieser Kugel hin und her fliegt. Wir fragen den kleinen Engel gedanklich, ob er denn nicht auch mal aus der Kugel herauskommen könnte.
Kaum haben wir das gedacht, steht der Engel vor uns. Er ist jetzt genauso groß wie wir und wir schauen ihn uns genau an. Wie sieht sein Gesicht aus, welche Kleidung trägt er, wie sehen die Flügel aus ... *(kurze Pause)*

Ein wunderschöner, kleiner Engel. Wir fragen ihn, wie er heißt. Er sagt mit sanfter und leiser Stimme „Schiela, und ich bin dein Engel."
Der Engel erklärt uns weiter, dass er ab sofort bei uns bleiben würde, wenn wir das wünschen. Doch wird er nur für uns sichtbar sein, wenn wir das wünschen. „Ich werde auf dich aufpassen und dir immer versuchen zu helfen, wenn du mich darum bittest!" Oh, wie schön. Ein Engel, der nur für mich da ist. Wir bedanken uns bei unserem Engel Schiela.
Der kleine Engel Schiela kommt näher zu uns, greift unter seine Flügel und gibt uns ein kleines Geschenk in die Hand. Nur du kannst sehen und spüren was es ist. *(kurze Pause)*

Mit einer lieben Umarmung verabschieden wir uns von unserem Engel. Wir wissen genau, dass wir ihn immer zu uns holen und mit ihm reden können, wenn wir etwas auf dem Herzen haben. Danke, mein lieber Engel Schiela.

Und wir kommen wieder zurück in diesem Raum, in diese Zeit. Wir kommen jetzt wieder zurück. Und mit einem Atemzug, der sich gut anfühlt, öffnen wir unsere Augen und sind wieder im Hier und Jetzt.

Begegnung mit Erzengeln (bereits auf CD erschienen, s. Literatur-Empfehlungen)
Wenn du dich sehr zu den Erzengeln hingezogen fühlst, dann kannst du wunderbar diese Meditation durchführen. Sie wird dich mit diesen Wesenheiten verbinden, und du kannst ihre Energie gut spüren, wenn es denn zugelassen ist. Diese Meditation kann bis auf eine Stunde ausgedehnt werden, je nach-

dem wie lange du die Pausen machen möchtest. Genieße die Begegnungen und versuche, mit allen Sinnen diese wunderbaren Energien zu spüren. Je nach Situation, in der du vielleicht gerade steckst, wirst du etwas länger bei dem einen oder anderen Erzengel bleiben wollen. Folge einfach diesem Impuls, es hat seine Richtigkeit. Danach kannst du gerne noch bequem liegen oder sitzen bleiben und einer schönen Entspannungsmusik lauschen.

Wir schließen die Augen und atmen tief ein und aus. Wir spüren nur noch uns selbst. Alle Gedanken lassen wir vorbeiziehen – wir schicken sie weiter – wir sind nur noch bei uns. *(kurze Pause)*

Wir befinden uns in einem großen, wilden Garten. Hohe Bäume, viele Büsche, blühende Wiesenblumen in allen Farben. Leises Wasserplätschern eines fernen Wasserfalles dringt an unsere Ohren. Melodisches Vogelzwitschern, eine wunderbare Atmosphäre. *(kurze Pause)*

Es erscheint unser Schutzengel vor uns. In seiner ganzen Größe und Pracht steht er vor uns und lächelt uns an. Er nimmt uns bei der Hand und möchte uns in einen Kristallpalast bringen, in dem zur Zeit verschiedene Erzengel auf uns warten. Wir willigen ein.
Er nimmt uns an der Hand. Wir schweben, wir sehen unter uns unseren märchenhaften Garten und wir sind geschützt mit unserem Schutzengel. Der Garten wird immer kleiner unter uns, das Land sieht aus wie ein großes Puzzle und wir sehen unseren gesamten Erdball von oben.
Völlige Ruhe macht sich breit. Ruhe und Frieden um uns herum, und vor uns taucht ein riesiger Palast auf. Er schwebt im Kosmos, riesige Kristalle können wir sehen. Sie sind zu einem Palast zusammengefügt.
Wir schweben direkt zur Pforte dieses strahlenden Kristallpalastes und wir treten ein.
Eine Halle aus unbeschreiblich schönen und strahlenden Kristallen zeigt sich uns. Wir stehen mitten in dieser Halle. Wir lassen diese Kristalle auf uns wirken und wir nehmen diese Energie in uns auf. *(kurze Pause)*
Neun Türen sehen wir in dieser Halle. Unser Engel führt uns zur ersten

Türe. Groß ist sie und in den verschiedensten Blautönen gehalten. Wir treten ein.
Vor uns steht Erzengel Michael. Wir sehen Erzengel Michael in seiner ganzen Pracht. *(kurze Pause)*

Michael erklärt uns mit sanfter Stimme, dass er der Erzengel des Schutzes, des Mutes, der Stärke, der Wahrheit und der Aufrichtigkeit ist. Er möchte, dass wir ihn in unserem täglichen Leben rufen, wenn wir seine Energien brauchen. Wir genießen die Energie von Erzengel Michael mit seinem golden Schwert. *(kurze Pause)*

Voller Dankbarkeit verlassen wir diesen Raum wieder, und unser Schutzengel bringt uns in den nächsten Raum. Dieser Raum hat eine grüne Türe. Wir treten ein.
Vor uns steht in grünem, strahlendem Licht Erzengel Raphael. Er lächelt uns liebevoll an und freut sich über unser Dasein. Er fragt uns, ob er uns bei einer Heilung behilflich sein darf, und sagt, dass wir ihm gerne die Stelle oder die Situation zeigen dürfen, die der Heilung bedarf. Das tun wir jetzt und genießen den smaragdgrünen Heilungsstrahl von Erzengel Raphael. *(kurze Pause)*

Er bittet uns, ihn zu rufen, wenn wir ihn benötigen. Voller Dankbarkeit verlassen wir diesen Raum und unser Schutzengel führt uns in den nächsten Raum, der eine weiße Türe hat.
Und vor uns steht Erzengel Gabriel. Groß, liebevoll und sanft nehmen wir seine Energien wahr. Er erklärt uns, dass er der Erzengel der Führung, der Reinigung und des Neubeginns ist. Sanft legt er unsere Hände in die seinen und lässt seine reine Energie in uns strömen. *(kurze Pause)*

In tiefer Dankbarkeit verlassen wir diesen Raum und folgen unserem Schutzengel in den nächsten.
Wir durchschreiten eine rosafarbene Türe, und vor uns steht Erzengel Chamuel, der Erzengel der bedingungslosen Liebe und für Beziehungen.

Unglaublich liebevolle Gesichtszüge nehmen wir wahr, das zarte Rosa dieses Raums berührt unser Herz. Erzengel Chamuel sendet von seinem Herz direkt in unser Herz bedingungslose Liebe. Wir nehmen diese Energie wahr. *(kurze Pause)*

Auch er signalisiert uns, dass wir ihn gerne zu uns bitten können, wenn wir Hilfe bei den Dingen des Herzens benötigen. In tiefer Dankbarkeit verlassen wir den Raum und werden von unserem Engel in den nächsten geführt.
Dieser Raum strahlt in klarem, weißem Licht, und inmitten dieser Schwingung befindet sich Erzengel Metatron. Wir sind überwältigt von seiner reinen Energie, und er erklärt uns, dass er bei spirituellen Dingen gerne hilft. Mit beiden Händen berührt er unsere sieben Hauptchakren und reinigt und klärt sie. *(kurze Pause)*

Ein wohlig warmes und geborgenes Gefühl macht sich in uns breit und in absoluter Dankbarkeit werden wir von unserem Schutzengel aus dem Raum geführt.
Wir stehen vor der Türe des nächsten Raumes. Die Türe schimmert zartgelb, und wir treten ein.
Vor uns steht Erzengel Jophiel in einem gelben Gewand. Er ist der Erzengel des Erwachens und der Weisheit, der Erleuchtung und der Inspiration und der Freude. Sein ganzes Gesicht lächelt uns freundlich an. Er ist schön, wunderschön und wir nehmen diese Energien jetzt in uns auf. *(kurze Pause)*

Mit einem sanften Nicken bedanken wir uns bei Erzengel Jophiel und verlassen diesen gelb leuchtenden Raum wieder. Unser Schutzengel führt uns in den nächsten Raum.
Durch die geöffnete Tür berührt uns eine violette Energie. Es ist die Energie von Erzengel Zadkiel. Er ist der Erzengel der Vergebung, der Gnade, der Toleranz und der Umwandlung negativer Energien. Erzengel Zadkiel hüllt uns ein mit seinem violetten Farbton der Transformation.

Wir nehmen diese Farbe und seine Energien in uns auf. *(kurze Pause)*

Danke Erzengel Zadkiel. Wir werden nun zum nächsten Raum geführt. Es ist der Raum von Erzengel Uriel.
Langsam treten wir ein, und vor uns steht Erzengel Uriel. Uriel ist der Helfer, den inneren Frieden zu finden, den der Verstand nicht begreifen kann. Der Erzengel der Ruhe und des Friedens. Diese Ruhe und diesen Frieden nehmen wir jetzt in uns auf. *(kurze Pause)*

Während wir uns bedanken, übergibt Erzengel Uriel uns ein kleines Geschenk, das uns im Alltag immer an die Kraft in der Ruhe erinnern soll. Voller Dankbarkeit werden wir jetzt in den nächsten und letzten Raum geführt.
Im letzten Raum besuchen wir Erzengel Haniel. Dieser Erzengel steht für Liebe, Mitgefühl und die Schönheit allen Seins. Diesen Aspekt der Schönheit nehmen wir nun in uns auf. Erzengel Haniel sendet uns diese Energie, und wir nehmen wahr. *(kurze Pause)*

In Dankbarkeit verlassen wir den letzten Raum. Unser Schutzengel führt uns langsam wieder aus dem leuchtenden Kristallpalast hinaus. Sachte behütet schweben wir wieder zu unserem Ausgangspunkt zurück. Unter uns sehen wir in weiter Ferne bereits unseren wilden Garten. Sanft berühren unsere Füße den Boden unseres Gartens wieder. *(kurze Pause)*

Wir bedanken uns bei unserem Schutzengel für die Begleitung und diese wunderbaren Erfahrungen an seiner Seite. Wir sind energetisch angefüllt und aufgeladen und kommen langsam in das Hier und Jetzt zurück. Langsam kommen wir zurück in diesen Raum und öffnen die Augen mit einem Atemzug, der sich gut anfühlt.

Wenn du vor einer komplexen Entscheidung stehst, bei der Vieles zu beachten ist und die bedeutende Konsequenzen hat, kannst du mit einer besonderen Form der Meditation den Rat mehrerer Engel einholen. Ich nenne sie

Die Engelkonferenz

Klingt wie frisch aus der Vorstandsetage eines großen Unternehmens, nicht wahr? In diesem Fall ist dein Leben das Unternehmen, um das es geht. Und wir wissen alle, dass es im Leben zahlreiche Entscheidungen gibt, die rechtfertigen, dass sie von einem ganzen Team begleitet und mitgetragen werden. Dabei kann es um unsere Beziehungen gehen, um unsere Kinder, um einen Arbeitsplatz- oder gar Berufswechsel, um den Schritt in die Selbstständigkeit, um einen Umzug in eine andere Stadt oder womöglich ein anderes Land. Bestimmt fallen dir sofort Situationen aus deinem eigenen Leben ein, in denen es schön wäre, sie sozusagen mit einer ganzen Expertenrunde von Engeln besprechen zu können. Nur zu, nichts ist unmöglich:

> Ziehe dich an einen Ort zurück, der dir angenehm ist, und sorge dafür, dass du während der nächsten halben Stunde ungestört bleibst. Setze oder lege dich bequem hin und schließe dann die Augen. Vollziehe ein kurzes Schutzritual deiner Wahl. Dann stelle dir vor deinem geistigen Auge einen großen runden Tisch aus weißem Licht vor. An diesem Tisch stehen viele bequeme Stühle, eben wie für eine Konferenz. Lasse dieses Bild ganz lebendig vor deinem inneren Auge entstehen. Wie sieht dein Tisch aus? Hat er eine geschlossene Tischplatte als eine große Fläche oder bildet er eher einen Kreis mit Freiraum in der Mitte? Steht etwas auf dem Tisch, zum Beispiel ein kleines Blumenarrangement, oder ist er leer und frei? Wie sehen die Stühle aus? Haben sie Armlehnen oder nicht? Wie hoch sind die Rückenlehnen? Bestehen sie aus einem Geflecht aus Licht oder sind sie eher Freischwingern ähnlich? Haben sie Sitzkissen? Nimm dir so viel Zeit wie du brauchst, damit ein klares Bild vor deinem inneren Auge entstehen kann.
>
> Dann bitte alle Engel, die dir jetzt bei deiner Entscheidung helfen können, an den Konferenztisch. Lasse dir und den Engeln Zeit und schau zu, wie nach und nach immer mehr Engel eintreffen. Manche kommen vielleicht alleine, andere zu zweit oder in kleinen Gruppen. Wenn alle ihre Plätze eingenommen haben und keine weiteren Engel mehr nach-

kommen, dann setze dich selbst an den Tisch und stelle deine Fragen oder trage dein Anliegen vor.
Und nun achte auf die leisen Stimmen, auf sanfte Gefühle und Gedanken. Wenn es zugelassen ist, erhältst du deine Antworten über Worte, die dir vielleicht einfach im Kopf erscheinen. Oder du hast vielleicht ein positiv schwingendes Gefühl in deiner Bauchgegend oder im Herzen, das als ein „Ja" zu deuten ist. Ein anderes Mal fühlt es sich dort womöglich schwer, dunkel und träge an. Dann sei dir sicher, dass du ein „Nein!" erhalten hast. Achte auf alles, was nun in dir geschieht. Engel müssen nicht zwingend über das gesprochene Wort kommunizieren. In jedem Fall aber wirst du klare und deutliche Antworten und Hinweise auf deine Fragen oder Themen erhalten. Ich habe es auch schon erlebt, dass die Engel sich bei der Konferenz unter einander in ein Gespräch vertieften. Zuerst war ich etwas verdutzt, aber dann merkte ich, dass dieses Gespräch in Wirklichkeit für mich als Zuhörer gedacht war, damit mir etwas Bestimmtes klar wird.

Wenn all deine Anliegen behandelt wurden, dann danke den Engeln, die sich hier extra für dich versammelt haben, von ganzem Herzen. Wie du das tun möchtest, bleibt völlig dir überlassen: in gedanklichen Worten, mit einer Umarmung für jeden einzelnen Engel, wie auch immer. Du findest bestimmt deine persönliche Version des Dankens.
Schaue dann zu, wie sich die Engel nach und nach zurückziehen. Und wenn der letzte Engel gegangen ist, dann löse in deiner Vorstellungskraft auch den Tisch und die Stühle wieder auf. Beobachte, wie sie allmählich verblassen und komme dann langsam wieder ins Hier und Jetzt zurück. Mit einem tiefen Atemzug, der sich gut anfühlt, öffne die Augen.

Am besten nimmst du dir noch etwas Zeit und schreibst deine Eindrücke und die empfangenen Antworten auf. So kannst du immer wieder nachlesen, was die Engel dir geraten haben und deine Entscheidung Schritt für Schritt daran ausrichten. Falls sich währenddessen neue Fragen ergeben, kannst du natürlich jederzeit einen einzelnen Engel befragen oder eine neue Engelkonferenz einberufen.

Das Engeltagebuch

Nicht nur nach einer Engelkonferenz, sondern immer, wenn du die Engel um Rat gefragt, eine Engelmeditation gemacht oder die Gegenwart der Engel besonders gespürt hast, ist es sehr schön, wenn du dein Erleben kurz schriftlich festhalten kannst. Deine Erfahrung oder die Botschaft der Engel prägen sich dir tiefer ein, wenn du sie in Worte fasst. Und falls du sie doch einmal vergessen solltest, kannst du ja jederzeit nachschlagen.

Das Aufschreiben nach der Meditation ist wie ein kleines Abschlussritual. Das Erlebte kann noch einmal nachklingen und zugleich weißt du, dass du es sicher bewahrt hast. So kannst du es gut loslassen und dich wieder deiner normalen Beschäftigung zuwenden.

Als Engeltagebuch taugt im Grunde bereits ein Schulheft oder ein Collegeblock, das oder den du nur für den Kontakt zu deinen Engeln benutzt. Du kannst natürlich auch ein schönes Buch mit Leerseiten dafür verwenden oder aber selbst ein Heft oder Buch gestalten. Deiner Fantasie sind keine Grenzen gesetzt. Tue einfach, was sich für dich richtig anfühlt. Es ist auch nichts dagegen einzuwenden, wenn du einen eigenen Ordner in deinem Computer als Engeltagebuch anlegst. Mir selbst erscheint der Übergang raus aus der Meditation und ran an den Computer zwar etwas schroff, wichtig ist aber allein, was für dich das Richtige ist. Ganz gleich, ob Heft, Block, Buch oder Computer-Datei, bewahre dein Tagebuch so auf, dass niemand anderer es lesen kann, wenn du das nicht willst.

In deinem Engeltagebuch kannst du auch notieren, was passiert ist, wenn du auf die leise Stimme der Engel gehört hast und was, wenn nicht. Das kann zum Beispiel so aussehen: „Heute auf einen spontanen Impuls hin mit dem Fahrrad statt mit dem Bus zur Arbeit gefahren. Lässig an einem Riesen-Stau vorbeigezogen. Da wäre ich mit dem Bus voll drin stecken geblieben und viel zu spät gekommen. – Danke, meine Engel!" Oder: „Wie doof, in der Meditation wieder nix gesehen und gehört. Aber heute Abend im Fernsehen ‚zufällig' genau den richtigen Tipp gekriegt. – Hoppla. Danke liebe Engel! Hm, es wäre aber auch wirklich schön, wenn ich euch bald einmal etwas direkter hören oder sehen dürfte. Ich freu mich drauf. Gute Nacht, Ihr Lieben."

Durch das Aufschreiben lässt du das Erlebte noch einmal lebendig werden und schärfst zugleich deine Sinne für die leise Stimme der Engel in ihren vielen unterschiedlichen Formen. Es ist eine wunderbare Möglichkeit, Kontakt zu deinen Engeln zu halten und eure Verbindung zu stärken.

Mit Engeln durch die Nacht

Wie für den Tag können wir uns den Schutz und die Begleitung der Engel auch für die Nacht erbitten. Sie können uns helfen, dass wir zur Ruhe kommen oder dass wir uns an unsere Träume erinnern. Und sie können sogar während der Nacht unsere Selbstheilungskräfte unterstützen.

Mit Engeln kuscheln

Bestimmt kennst du das: Du liegst im Bett und möchtest zur Ruhe kommen, doch die Gedanken wollen einfach nicht still werden. Schneller und immer schneller dreht sich ihr Karussell.

Dann versuche einmal Folgendes: Bitte einen Engel, zu dir zu kommen. Das kann ein bestimmter sein oder aber einfach irgendeiner. Stelle dir vor, wie er sich zu dir auf dein Bett setzt und dich mit einem oder beiden Flügeln ganz bedeckt. Spüre genau hin, du kannst es wirklich fühlen. Es ist ein Gefühl der Ruhe, der Geborgenheit, unendlicher Liebe und tiefen Friedens. Gib dich ihm einfach hin. Und wenn deine Gedanken noch immer keine Ruhe geben wollen, dann bitte deinen Engel mitzuhelfen, dass du auch in deinen Gedanken Ruhe findest und in tiefen Schlaf versinkst. Versuche es, es klappt und ist unbeschreiblich schön.

Heilung in der Nacht

Wenn du krank oder mit einem Unwohlsein im Bett liegst, dann kannst du Erzengel Raphael und seine Heilengel bitten, dir zu helfen. Schließe einfach die Augen und stelle dir vor, wie die Engel an dein Bett kommen. Bitte Erzengel Raphael, dich mit seinem smaragdgrünen Heilungsstrahl zu heilen. Stelle dir vor, wie aus Erzengel Raphaels Herzzentrum ein grüner Heilungsstrahl direkt auf deine schmerzenden Stellen trifft und sich dort verteilt. Du kannst auch darum bitten, dass dein ganzer Körper und alle deine feinstofflichen

Körper komplett in dieses heilende Grün eingehüllt werden. Nun lasse einfach geschehen, was geschieht. Vielleicht spürst du, wie die heilende Energie an bestimmten Körperstellen ihre Wirkung tut. Vielleicht siehst du mit deinem geistigen Auge, wie die Engel sich mit dir beschäftigen. Du kannst sie auch einfach bitten, die Nacht zu nutzen, um die betroffenen Stellen an deinem Körper zu heilen. Dann danke ihnen und schlafe voller Zuversicht ein. Diese Bitte um Heilung kannst du natürlich nicht nur nachts und nicht nur für dich selber aussenden. Sie „funktioniert" genauso tagsüber und für andere. Erwarte aber nicht, dass du oder der Mensch, für den du um Hilfe gebeten hast, am nächsten Tag frisch wie der junge Morgen aus dem Bett hüpft. Wir wissen nie, was für unsere Heilung wirklich notwendig ist und wie viel Zeit das beansprucht. Du kannst dich aber darauf verlassen, dass deine Bitte und das Tun der Engel immer Wirkung haben.

Ein Hinweis ist mir an dieser Stelle wichtig: Bitten um Heilung an die Engel können eine ärztliche Behandlung zwar ergänzen, niemals aber ersetzen. Konsultiere bei Krankheiten also immer auch deinen Arzt oder Heilpraktiker!

Engel der Träume

Träume können wertvolle Ratgeber in allen Lebenssituationen sein. Sie können uns auf Dinge hinweisen, auf die wir im Wachzustand nie gekommen wären, oder uns einfach nur Kraft und Inspiration schenken. Alle Menschen träumen – jede Nacht sogar mehrmals. Nur leider erinnern wir uns so selten daran. Wenn du deine Träume besser erinnern möchtest, dann lasse dir ruhig von den Engeln dabei helfen.

Bitte abends vor dem Einschlafen deine Engel um Hilfe, damit du dich am nächsten Morgen noch gut an einen Traum erinnern kannst, der gerade besonders wichtig für dich ist. Sprich diese Bitte aus ganzem Herzen. Lege dir auch am besten Block und Stift griffbereit, damit du beim Aufwachen gleich notieren kannst, was dir von einem Traum noch in Erinnerung ist. Schreibe einfach so, wie die Worte kommen, ohne Rücksicht auf Rechtschreibung, Grammatik und Stil. Bei einem langen Traum genügen auch Stichworte. Nimm dir im Lauf des Tages irgendwann Zeit, dich mit deinem

Traum noch einmal zu beschäftigen. Auch jetzt kannst du die Engel wieder bitten, dir bei der Deutung deines Traumes zu helfen. Vielleicht erhältst du direkte Hinweise, vielleicht aber führen sie dich auch einfach zu dem Buch aus der Fülle der Literatur über Traumdeutung, das für dich im Augenblick genau das Richtige ist.

Wenn du dich nicht gleich beim ersten Mal an einen Traum erinnern kannst, dann sei nicht enttäuscht. Manchmal soll es einfach nicht klappen und wir wissen nicht, warum. Versuche es geduldig jeden Abend wieder. Irgendwann ist es soweit und die Schatzkiste deiner Träume öffnet sich.

Wenn du dich regelmäßig mit deinen Träumen beschäftigst, wirst du auch erleben, dass es Zeiten gibt, in denen du dich an viele Träume erinnern kannst, und dann wieder scheinbar traumlose Tage und Wochen. Auch das ist ganz normal. Sei weder dir selber noch deinen Engeln deswegen gram, sondern freue dich, dass mit Sicherheit der nächste erinnerte Traum schon in der Warteschleife schwebt.

Du kannst deine Engel auch um Hilfe bitten, aus einem schlimmen Traum leicht und schnell herauszufinden oder im Traum zu wissen, dass du träumst. Das erste wird dir wahrscheinlich recht bald gelingen, das zweite braucht etwas Übung und Erfahrung. Lasse dich bei beidem getrost von deinen Engeln unterstützen.

Engel und Kinder

Sind unsere Kinder wirklich anders, als wir es früher waren? Kommen jetzt die Indigos, die Regenbogen-, die Kristall- und wer weiß nicht, was noch alles für Kinder? Oder ist heute nur unsere Bereitschaft als Eltern größer, die erweiterte Wahrnehmung unserer Kinder gelten zu lassen? Zumindest würde ich mir das so wünschen. Versuchen wir, unsere Kinder als das einzigartige Geschenk wahrzunehmen, das sie sind.

Besonders kleine Kinder haben noch einen ganz direkten und unbefangenen Zugang zu den Engeln. So natürlich und leicht ist der Kontakt für sie, dass man fast ein wenig neidisch werden könnte. Das können wir als Eltern aktiv bewahren und fördern indem wir ihren Erzählungen interessiert zuhören und auch von unseren eigenen Erlebnissen mit den Engeln berichten. Und wenn später irgendwann Sätze fallen wie „Lasse mich bloß mit deinen Engeln in Ruhe", dann tun wir das am besten, auch wenn es schwer fällt. Diese Phase der Ablehnung ist wohl wichtig, damit sie ihren eigenen Zugang zu den Engeln und zur Spiritualität finden können.

Die beiliegenden Engelkarten sind auch für Kinder geeignet. Noch mehr als bei uns Erwachsenen steht bei Kindern aber der individuelle und spielerische Umgang damit im Vordergrund. Lasse dein Kind einfach intuitiv eine Karte ziehen. Dann frage, was es fühlt, wenn es die Karte so in Händen hält. Höre genau hin, was es sagt. Die Schätze verstecken sich oft „zwischen den Zeilen". Es kann sein, dass das Kind in einer Karte etwas ganz anderes sieht als du. Lasse dich dann einfach von der Wahrnehmung des Kindes beschenken. Wenn du zusätzlich den Text zur Karte vorlesen möchtest, dann versuche, ihn kindgerecht zu „übersetzen". Lasst euch einfach beide von eurer Intuition leiten. Dann geschieht genau das Richtige, da kannst du dir sicher sein.

Die Engelkarten

Die Karten in diesem Set sind ein großartiges Instrument, unsere Wahrnehmung zu erweitern und den Kontakt zu den Engeln aufzunehmen und zu vertiefen. Sie führen uns weg vom rein rationalen Denken hin zur Wahrnehmung und Intuition. Dabei ist das rationale Denken an sich nichts Schlechtes. Viele unserer modernen Errungenschaften wären ohne es gar nicht möglich, und aus der Analyse eines Problems ergeben sich oft rasche und sehr wirksame Schritte zu seiner Lösung. Problematisch ist nur, dass das rationale Denken in unserer Kultur ein solch starkes Übergewicht erhalten hat. Da bietet die Beschäftigung mit Inhalten, die wir eher über das Fühlen, sinnliches Empfinden und intuitives Spüren erfassen, eine wunderbare Möglichkeit, unser vom Verstand dominiertes Welt- und Selbstbild wieder zu erweitern. Wenn wir dabei das vernünftige Denken nicht abschalten, dann kommt am Ende das heraus, was man gehoben als „ganzheitliche Wahrnehmung".

Das setzt voraus, dass wir im Umgang mit solchen Inhalten, die andere Wahrnehmungsformen ansprechen, größtmögliche Freiheit haben und uns nicht an feste Muster halten müssen. Unsere Intuition entfaltet sich immer da am besten, wo sie „offizielle" Grenzen sprengen und sich völlig frei außerhalb vorgegebener Bahnen bewegen kann. Deshalb war es mir ein Anliegen, diese Engelkarten so zu gestalten, dass deiner eigenen Fantasie möglichst viel Raum gelassen wird. Die Engel darauf sind eher schemenhaft und dennoch ausdrucksstark. Sie „sprechen" mehr durch Farbe und Bewegung als durch Mimik oder überlieferte Symbolik.

Bitte verstehe auch die Texte zu den Karten eher als Anregung denn als fertige Deutung. Wichtig ist immer, was du selber empfindest. Was ich dazu schreibe, soll dir nur als Inspiration dienen. Dasselbe gilt für die Legemethoden, die ich dir vorstellen werde. Sie sind prima als Orientierung und um ein

Gefühl für den Umgang mit den Karten zu entwickeln. Aber spätestens, wenn du mit den Karten schon etwas vertrauter bist, möchtest du vielleicht eigene Legesysteme kreieren. Nur zu, lasse dich einfach von den Karten, von deiner Fantasie und natürlich besonders von den Engeln inspirieren.

Etwas Besonderes und Einzigartiges enthält dieses Kartenset. Es gibt vier Personenkarten, zwei weibliche und zwei männliche. Entscheide bitte vor dem Legen, ob du sie mit einbeziehen möchtest. Falls nicht, nimm sie vorher aus dem Kartendeck heraus und lasse sie unbeachtet.

Falls du die Karten für oder um eine Person legen möchtest, dann nimm die entsprechende(n) Personenkarte(n) ebenfalls heraus und lege die nachfolgend erklärten Legemuster um diese Karte(n) herum. Diese Methode kann dir helfen, die Person, um die es geht, immer im Mittelpunkt und somit im Bewusstsein zu behalten, während du mit den Karten arbeitest.

Legemethoden

Die Kunst des Kartenlegens ruht auf drei Säulen.

Die erste Säule heißt Vertrauen. Vertraue darauf, dass du genau die Karten ziehen wirst, die jetzt richtig für dich sind. Vertraue darauf, dass du ihre Botschaft entschlüsseln kannst. Mit anderen Worten: Du darfst dich darauf verlassen, dass die Karten eine Möglichkeit sind, mit deinen Engeln Kontakt aufzunehmen und mit ihnen zu kommunizieren. Und wenn die Karten einmal überhaupt kein zusammenhängendes Bild ergeben wollen, dann kann der dahinter verborgene Sinn zum Beispiel lauten, dass deine Frage im Augenblick nicht beantwortet werden kann oder dass du sie noch einmal anders stellen sollst.

Die zweite Säule ist deine Intuition. Lasse dich von den Bildern der Karten, die du gezogen hast, inspirieren und schenke dem, was dir dazu einfällt, mehr Beachtung als vorgegebenen Texten. Am Anfang ist das vielleicht gar nicht so einfach, weil wir es nicht (mehr) gewohnt sind. Mit der Zeit wird es dir aber immer leichter fallen und du wirst feststellen, dass dir auf diese Weise oft etwas klar wird, was du allein mit dem rationalen Verstand glatt übersehen hättest.

Die dritte Säule ist die Übung. Man könnte sie auch Erfahrung nennen. Wenn du regelmäßig mit den Karten arbeitest, werden sie dir immer vertrauter, deine Intuition wird trainierter und damit treffsicherer, was wiederum dein Vertrauen zu dieser Methode stärkt. So unterstützt die dritte Säule zugleich die ersten beiden.

Auch durch die Art, wie du deine Fragen stellst, kannst du deiner Intuition die Tür zu deinem Bewusstsein weit öffnen. Generell gilt, dass du deine Fragen möglichst offen formulieren solltest, so dass sie sich nicht lediglich mit einem bloßen Ja oder Nein beantworten lassen. Frage also zum Beispiel lieber „Was bedeutet es für mich, wenn ich nach xy ziehe?" statt „Soll ich nach xy ziehen?" Das verschafft den Engeln und deiner Intuition mehr Spielraum und erhöht die Chancen, dass du eine Antwort erhältst, die dir wirklich weiterhilft und womöglich sogar bisher Übersehenes ans Licht bringt.

Es gibt aber auch Situationen, in denen du dir vielleicht genau so ein knappes Ja oder Nein wünschst. Auch das ist mit den Engelkarten möglich. Orientiere dich dazu einfach an den Karten-Nummern. Alle geraden Zahlen bedeuten ein Ja, alle ungeraden ein Nein. Oft wird dir die Botschaft der Karte, die du gezogen hast, noch ergänzende Hinweise geben.

Doch Vorsicht: Mach dich nicht abhängig von dieser Möglichkeit der Kartenbefragung. Schließlich soll sie nur dazu dienen, deine eigene Intuition zu schulen. Und wenn einmal eine Antwort kommt, von der du genau weißt, dass sie nicht stimmen kann, dann sei sicher, dass du jetzt keine Antwort haben darfst und zu diesem Zeitpunkt aufhören sollst. Befrage die Karten erst dann, wenn du „alleine" nicht weiterkommst und unterwirf dich nicht bedingungslos ihrem Urteil. Dazu sind Karten nicht gedacht. Sie wollen dir vielmehr zusätzliche Möglichkeiten an die Hand geben, dein Leben positiv selbst zu gestalten.

Einige dieser Möglichkeiten möchte ich dir im Folgenden vorstellen.

Die Tageskarte

Am Morgen eine Karte zu ziehen, ist eine wunderbare Art, die Karten nach und nach kennenzulernen und den Tag zu beginnen. Lege dazu zunächst die beiden Personenkarten zur Seite. Mische dann alle Karten – am besten mit beiden Händen flach auf dem Tisch (oder einer anderen sauberen glatten Fläche) wie früher als Kind. Schon dies allein bringt dich aus der vernunftorientieren Haltung heraus und hinein in die spielerische Offenheit, die Kinder haben und die unserer Intuition so gut tut. Dann breite die Karten verdeckt fächerförmig vor dir aus. Du kannst jetzt innerlich eine Frage stellen, zum Beispiel „Worauf sollte ich heute besonders achten?" oder „Was tut mir heute gut?" oder einfach nur „Was möchtet Ihr mir heute sagen?" Gleich, ob du eine Frage formulierst oder nicht, halte einen Moment inne und spüre nach, ob du dich von einer Karte besonders angezogen fühlst. Denke nicht nach, entscheide einfach spontan. Diese Karte ziehe aus dem Fächer heraus. Wenn du möchtest, kannst du dazu deine linke Hand benutzen. Sie steht für unsere intuitive Seite (egal, ob du Rechts- oder Linkshänder bist). Diese Karte ist für heute deine Tageskarte.

Danke den Engeln, schiebe die übrigen Karten wieder zusammen und bewahre sie sorgfältig auf. Gehe sorgsam und respektvoll mit deinen Karten um, nicht um der Karten willen, sondern weil du damit den Engeln, mit denen du über die Karten Kontakt aufnehmen willst, und dir selbst und deiner Intuition liebevolle Achtung entgegenbringst.

Deine Tageskarte kannst du nun umdrehen und betrachten und die Botschaft des Engels mit in den Tag nehmen. Wenn du möchtest, nimm sie mit zur Arbeit oder stelle sie so auf, dass du sie im Laufe des Tages immer mal wieder sehen kannst. Sie erinnert dich an die Gegenwart der Engel und ihre Botschaft für deinen heutigen Tag. Am Abend nimm dir etwas Zeit, lasse den Tag noch einmal vor deinem geistigen Auge Revue passieren und überlege, zu welchen Situationen die Botschaft deiner Tageskarte besonders gepasst haben könnte. Auf diese Weise wird sie ganz konkret mit deinem Leben verbunden. Außerdem ist das eine wunderbare Methode, den Tag abzuschließen und in die Entspannung zu gelangen.

Wenn du noch länger mit der Botschaft der Karte verbunden bleiben möchtest, dann kannst du sie zum Schlafen unter dein Kopfkissen legen. Das Geheimnis, warum die Karte „wirkt", unsere Schulbücher früher aber nicht, liegt darin, dass du dich zuvor freiwillig und ohne Zwang mit der Karte intensiv beschäftigt hast. Wenn du sie nun unters Kopfkissen legst, erinnerst du dich sozusagen über Nacht immer wieder selbst an ihre Botschaft. Dein Unbewusstes nimmt dies sehr wohl wahr, auch wenn dein Körper schläft. Mit der Karte unterm Kopfkissen träume ich oft anders und klarer. Probiere einmal aus, wie es dir dabei geht.

Auch tagsüber kannst du mit der Botschaft deiner Karte verbunden bleiben. Du kannst sie im wahrsten Sinne des Wortes trinken. Inspiriert haben mich zu dieser Möglichkeit die Erkenntnisse von Dr. Masaru Emoto und sein Buch *Botschaft des Wassers*. Und so geht's: Lege deine Tageskarte unter ein Glas mit klarem, gutem Wasser ohne Kohlensäure. Dann bitte die Engel um einen Hinweis, wann das Wasser die Botschaft der Karte aufgenommen hat und du es trinken kannst. Bei mir kann das wenige Minuten bis mehrere Stunden dauern. Unterdessen kann ich meinen normalen Alltagsaktivitäten nachgehen, der Hinweis kommt immer und immer so, dass ich ihn wahrnehme. Sobald es soweit ist, gönne ich mir einen Augenblick und trinke dieses Glas Wasser ganz bewusst. Ich stelle mir dann vor, wie das Wasser seine aufgenommene Information, also die Botschaft der Engelkarte, an das körpereigene Wasser weitergibt (immerhin bestehen wir zu 70 Prozent aus Wasser) und sie so ihren Segen überall da entfalten kann, wo mein Körper ihn gerade braucht. So kann aus einer „einfachen" Tageskarte deine ganz persönliche spirituelle Trinkkur werden.

Eine vergleichsweise übliche Methode, die Botschaft der Tageskarte zu integrieren, ist die Meditation. Wenn du möchtest, dann setze dich bequem hin, nimm deine Tageskarte in beide Hände, öffne dich ihr und spüre in sie hinein. Lasse alle Eindrücke und Gefühle, die kommen mögen, einfach zu. Vielleicht spürst du auch die Anwesenheit deines Engels oder erhältst eine weitere Botschaft. Wenn der Impuls kommt, die Meditation zu beenden, dann danke den Engeln und kehre langsam wieder ins Hier und Jetzt zurück. Falls du dir einen konkreten zeitlichen Rahmen dafür geben möchtest, sind zehn Minuten ein guter Richtwert.

Und wenn du eigene Ideen hast, wie du mit den Karten arbeiten möchtest, dann tue es. Vielleicht möchtest du eine Karte und die Energie ihrer Botschaft in der nächsten Reiki-Sitzung mit einfließen lassen, um nur eine der vielen Möglichkeiten zu nennen, die es sicherlich noch gibt.

Entscheidungshilfe

Wenn du eine Entscheidung treffen musst und nicht so recht weißt, welche Alternative die richtigere wäre oder das Gefühl hast, dass du bei allen Überlegungen etwas übersiehst, dann können die Karten eine große Hilfe sein. Zwei Möglichkeiten haben sich bewährt, nimm für beide die Personenkarten aus dem Deck heraus. Du kannst auch eine Personenkarte für dich oder die Person, um die es geht, als Hinweiskarte über die gezogene(n) Karte(n) legen.

Eine Karte ziehen

Gehe genauso vor wie bei der Tageskarte, aber formuliere vor dem Ziehen deine Frage. Die Antwort wird selten ein klares Ja oder Nein sein. Eher werden die Karten dir Hinweise geben, was passiert, wenn du deine Entscheidung in eine bestimmte Richtung triffst. Ein Beispiel: Nach über zwei Jahren Suche hatte ich endlich neue, größere Räume für mein Ladengeschäft mit Versand und angeschlossenem Seminarzentrum gefunden. Dennoch beschlichen mich Zweifel. Schließlich musste die höhere Miete durch entsprechenden Mehrumsatz erwirtschaftet werden. Würden die Stammkunden mir an den neuen Ort folgen? Dies und vieles mehr ging mir durch den Kopf. Ich beschloss, eine Karte zu ziehen, und fragte: „Soll ich wirklich den Umzug wagen?" Als Antwort erhielt ich Karte 40 „Lerne deine Lektion. Jetzt ist der richtige Zeitpunkt." Das war deutlich. Meine Lektion, das weiß ich, ist immer wieder das Vertrauen. Es war also der richtige Zeitpunkt zum Umzug gekommen – und ich durfte darauf vertrauen, dass alles sich gut fügen würde. Herzlich dankte ich meinen Engeln. Ich zog um und habe es bis heute nicht bereut.

Wenn die Antwort nicht so eindeutig ausfällt und sich eher eine neue Frage als eine Antwort ergibt, dann kannst du auch eine zweite Karte zur Ergänzung ziehen. Wird aber auch daraus die Antwort nicht klar, dann sollst du sie wohl entweder nicht zu diesem Zeitpunkt oder nicht durch die Karten erfahren. Möglicherweise erhältst du sie auf anderen Wegen. Dann lege die Karten vertrauensvoll zur Seite und versuche es an einem anderen Tag nochmal, falls sich die Lösung noch nicht gezeigt hat.

Drei Karten ziehen

Formuliere deine Frage, ziehe nacheinander drei Karten und lege sie verdeckt vor dich hin. Drehe sie erst um, wenn du alle Karten gezogen hast, damit dich die Bilder nicht vorzeitig beeinflussen.

Die linke Karte gibt dir Hinweise zur Ursache der Problematik. Die mittlere Karte vermittelt dir Einblicke in deine Möglichkeiten im Hier und Jetzt. Sie zeigt dir, was jetzt zu beachten oder zu tun ist. Die rechte Karte schließlich zeigt dir das Ergebnis oder einen weiteren Lösungsweg.

Ein Beispiel findest du auf der nächsten Seite.

1. Karte	2. Karte	3. Karte
Hinweis auf die Ursache	Möglichkeiten im Hier und Jetzt	Ergebnis oder Lösungsweg

Nach der Familienphase möchte eine Frau Mitte 40 ihr Leben mit neuen Inhalten füllen. Zwei Angebote scheinen ihr gleichermaßen attraktiv: ein ehrenamtliches Engagement für obdachlose Frauen und die Mitarbeit im Bioladen einer Freundin. Sie zieht folgende Karten:

Karte 3	Karte 16	Karte 34
Wende den Blick und lasse dich von feinstofflichen Energien führen.	Wäge genau die Vor- und Nachteile ab. Dann entscheide.	Lasse deine Gedanken los und vertraue dem Fluss des Lebens

Mit der Wende in ihrem Leben soll für die Frau anscheinend auch ein Wechsel der Blickrichtung einhergehen. Sie braucht jetzt nicht mehr weit vorausschauend für die Familie zu planen, wie sie es bisher vielleicht gewohnt war. Nun darf sie sich nach innen wenden und der Führung der feinstofflichen Kräfte anvertrauen. Durch die Impulse, die ihr dabei kommen, wird sie wahrscheinlich klarer spüren können, wo ihre persönlichen Neigungen und Wünsche liegen. Erst danach soll sie Vor- und Nachteile abwägen und ihre Prioritäten setzen. Wenn sie auf diese Weise erfahren konnte, was sie wirklich will, dann darf sie wieder loslassen und darauf vertrauen, dass sie genau zu dem geführt wird, was für sie das Richtige ist. Ihre Engel werden sie dabei liebevoll begleiten.

Vergangenheit-Gegenwart-Zukunft

Ich nenne dies das kleine Legebild. Es werden dafür neun Karten verwendet und es ist immer dann ideal, wenn du eine komplexe Frage hast, auf die du eine detailliertere Antwort haben möchtest. Du kannst es auch dann anwenden, wenn du zwar keine konkrete Frage hast, aber einen Überblick über deine momentane Situation gewinnen willst. Nimm die Personenkarten aus dem Deck, dann mische es. Danach ziehe neun Karten und lege sie folgendermaßen aus:

Die erste Karte kommt in die Mitte, die übrigen Karten werden der Reihe nach von oben links bis unten rechts ausgelegt.
Die linke Spalte zeigt mit drei Karten, was aus der Vergangenheit noch in die Gegenwart hineinspielt. Die mittlere Spalte beschreibt die gegenwärtige Situation und die rechte Spalte gibt Hinweise auf mögliche Entwicklungen in der Zukunft. Dabei entspricht die obere Reihe meist den bewussten Aspekten, die Aussagen in der mittleren Reihe sind eher neutral, und die untere Reihe zeigt, was uns jeweils noch unbewusst ist. Ein Beispiel:

Thema war die augenblickliche Lebenssituation. Eine konkrete Fragestellung gab es nicht.

Das Hauptthema (1. Karte) stimmt grundsätzlich zuversichtlich und macht Mut, alles Anstehende anzugehen. Dass es da etwas gibt, zeigt die 2. Karte. Aus der Vergangenheit ist offensichtlich noch etwas ungeklärt. Das soll ich jetzt ansprechen. Dabei wird mir mein Schutzengel zur Seite stehen. Ich bin nicht allein. (5. Karte). Hinweise, wie ich vorgehen soll, die nötige Kraft und die richtige Inspiration finde ich in der Natur (7. Karte). Außerdem ist es sicher gut, ein schwieriges Thema nicht geradewegs aus dem Alltagsstress heraus anzusprechen, sondern entspannt und mit neuer Offenheit.

In der Gegenwart ist mir bewusst, dass ich in spirituellen Dingen etwas weitergeben darf. Nun heißt es, zu erkennen, worum es genau geht und meine Begeisterung auch anderen zu vermitteln (3. Karte). Meine Zweifel, ob ich das auch wirklich kann, sind unbegründet. Mein Unbewusstes, meine Intuition sieht bereits klarer (8. Karte).

Für die Zukunft erhalte ich den Hinweis, mein Herz noch weiter zu öffnen und die Liebe in allem zu erkennen (4. Karte). Alle Zweifel, ob richtig ist, was ich tue, darf ich getrost über Bord werfen (6. Karte). Ich habe in Zukunft wirklich alle Möglichkeiten. Dabei kommt es aber darauf an, dass ich mich immer wieder klar und konkret für etwas entscheide (9. Karte). Das sollte ich mir immer wieder bewusst machen.

Wenn du noch konkretere Hinweise möchtest, kannst du dieses Legebild bis auf 21 Karten erweitern. In diesem großen Legebild erhältst du drei Reihen zu je sieben Karten, wobei auch hier die erste Karte in der Mitte liegt. Die mittlere Spalte mit der ersten Karte bezeichnet die Gegenwart (drei Karten, bzw. Hauptthema plus zwei Karten), die drei Spalten links davon stehen für die Vergangenheit, die drei Spalten rechts davon für die Zukunft.

Das Beziehungsbild

Beziehungen zwischen zwei Personen (Liebes- oder Geschäftspartner, Eltern-Kind, Angestellter-Chef, Selbstständige-Kundin, Mieter-Vermieter usw.) lassen sich besonders anschaulich darstellen, wenn wir Personenkarten verwenden. Die stammen eigentlich aus dem klassischen Kartenlegen mit den Lenormand- oder den Kipperkarten. Dort gibt es die Dame und den Herrn, die jeweils für die oder den Fragenden stehen. Auch im Tarot wird gelegentlich eine sogenannte Signifikator-Karte gezogen oder bewusst gewählt, die denselben Zweck erfüllt. Dieses Engeldeck enthält vier Personenkarten, jeweils zwei für einen Mann und für eine Frau, damit du Paarungen legen kannst. Noch konkreter kannst du dein Legebild gestalten, wenn du selber Personenkarten anfertigst, die individuell auf dein Thema abgestimmt sind. Dazu schneidest du ein weißes Blatt Papier in der Größe der Karten zu und schreibst den Namen der Person(en) darauf, um die sich die Frage dreht. Falls es Fotos gibt, kannst du auch die verwenden. Die Karte für eine Dame wird immer links, die für einen Herrn rechts ausgelegt. Dazwischen bleibt Platz für bis zu sieben Karten, die du wie üblich verdeckt ziehst und auslegst. Sieben ist nur die Obergrenze. Wenn du schon zuvor den Impuls erhältst „es ist genug", dann ziehe keine weiteren Karten.

Wie die Arbeit mit Personenkarten konkret aussehen kann, zeigt am besten ein Beispiel aus meiner Beratungspraxis:

Eine Frau möchte wissen, ob sie und ihr Lebenspartner sich wieder annähern können und wie. Ihren Impulsen folgend, zieht sie vier Karten und es entsteht das nebenstehende Bild.

Generell gilt, dass die Karte, die unmittelbar neben einer Person liegt, sich direkt auf sie bezieht. Für die Frau bedeutet das, dass sie den ersten Schritt tun soll und zwar möglichst sofort (Karte 26). Sie muss aber darauf achten, dass sie sich dabei nicht verausgabt und so vorgeht, dass es ihr gut tut (Karte 15). In etwas geringerem Maße gilt das auch für ihren Lebensgefährten. Er soll sich in erster Linie mehr den Einflüssen aus der geistigen Welt öffnen. (Karte 3). Beide, etwas stärker aber der Mann, erhalten den Hinweis, dass Trennung nicht die Lösung ist. Vielmehr gilt es, das Augenmerk stärker darauf zu richten, wo und wie sie sich ergänzen (Karte 2).

Insgesamt also eine sehr positive, wenn auch etwas allgemein gehaltene Botschaft. Wenn die Frau nun wissen möchte, wie denn konkret ihr erster Schritt aussehen soll, kann sie ergänzend zu Karte 26 weitere Karten ziehen. Dazu mischt sie die übrigen Karten neu, denkt dabei an ihre Frage (z.B. „Wie soll ich denn loslegen?") und zieht verdeckt eine Karte. Ist deren Antwort unbefriedigend, mischt sie erneut und zieht sie eine zweite Karte. Wird sie auch aus dieser nicht schlau, kann sie noch eine dritte und letzte Karte ziehen. Kann sie auch darin nichts entdecken, was ihr weiterhilft, soll sie die Antwort entweder nicht zum jetzigen Zeitpunkt oder nicht in dieser Form erhalten. Dann ist es besser, die Sitzung zu beenden und die bisher erhaltenen Botschaften einfach wirken zu lassen. Sie kann dann zu einem späteren Zeitpunkt für ihre Frage zum Beispiel eine „Entscheidungshilfe"-Karte ziehen, falls es noch notwendig sein sollte.

In unserem Beispiel zog dei Frau drei weitere Karten. Die dritte war Karte 33 „Dein Herz braucht Zuwendung. Lasse es zu!" Ihr wurde bewusst, dass sie ihr Herz aus Angst vor Verletzungen immer mehr verschlossen hatte. Die Karte zeigte ihr klar, dass sie ihr Herz jetzt wieder öffnen darf und dass dies für ihre Partnerschaft wichtig ist. Auch Karte 15 wird dadurch sehr konkret und zeigt die liebevolle Zuwendung der Engel.

Diese Art der Legung funktioniert auch für abstraktere Beziehungen wie z. B. Kunde-Bank, Mangelgefühl-Reichtumssehnsucht, Meine Firma-ich und so weiter. Deiner Fantasie und Intuition sind keine Grenzen gesetzt. Und immer gilt: Die Engel werden dir so viele Informationen zukommen lassen, wie du für deine Entwicklung brauchst.

Die Karten und ihre Deutung

Im Folgenden findest du Deutungsmöglichkeiten für alle 44 Engelkarten aus dem beiliegenden Deck. Die Texte sind immer nur als Hinweise und Inspiration gedacht. Übernimm nichts ungeprüft, sondern lasse dich in erster Linie von deinen eigenen Gefühlen und deiner Intuition leiten. Lausche auf die leise Stimme deines Engels und denke daran, dass die Karten nur eine Möglichkeit von vielen sind, mit ihr in Kontakt zu kommen. Und vor allem: Gehe spielerisch und locker mit ihnen um. Das lieben die Engel, es tut deiner Intuition gut und dir auch.

Und nun: Viel Freude mit deinen Engelkarten!

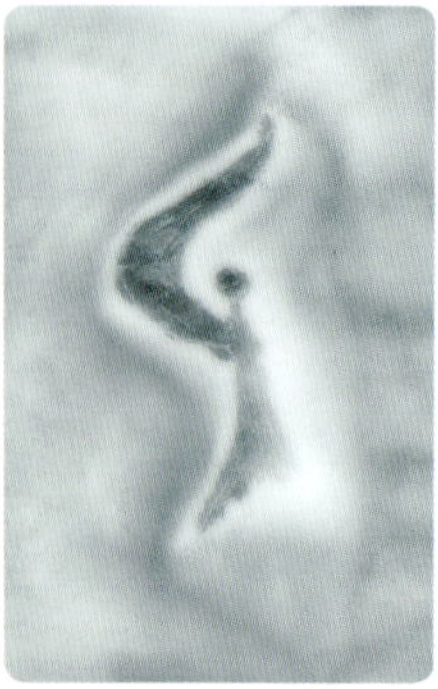

Habe Vertrauen. Lasse Farbe und Freude in dein Leben!

Die Farben Die Karte ist in verschiedenen Grautönen gehalten. Es fehlt Farbe, um richtig leben zu können.
Wir können die Karte aber auch als silberfarben ansehen. Silber ist das Weibliche, die Mondenergie, das Passive. Es entspricht der Haltung des Engels.

Die Botschaft Dieser Engel möchte dein Spiegel sein. Mit seiner Haltung möchte er dir etwas zeigen, damit du dir darüber bewusst werden kannst. Die Engel werden dich dabei begleiten. Der Engel auf der Karte neigt sich leicht nach hinten und signalisiert dir damit, dass du unbewusst vor etwas zurückschreckst. Bist du vor etwas erschrocken und hältst dich lieber zurück? Oder bist du nur vorsichtig und versuchst, ein wenig im Hintergrund zu bleiben?
Schaue dir nun die Blickrichtung des Engels an. Er schaut nach rechts. Für mich ist rechts immer die Zukunft. Wenn wir uns überlegen, wie wir ein Buch lesen, dann lesen wir von links nach rechts. Es beginnt also links in der Zeile und endet rechts in der Zeile. So ist links das, was war und rechts da, wo es hingeht. Der Engel blickt also ängstlich und zurückhaltend in die Zukunft. Geht es dir auch so? Dann will der Engel dir auch sagen: Habe Vertrauen! Lasse kommen, was kommen will. Ich bin bei dir.

Übung Gehe in die Stille und bitte deinen Engel der Erkenntnis, dir zu zeigen, was dich zurückhält und was dich ängstlich wirken lässt. Ziehe dann dazu einfach noch eine Karte. Tue es in dem Bewusstsein, dass der Engel der Erkenntnis dir weitere Informationen geben möchte. Noch besser ist es natürlich, wenn du die Augen schließt und die Botschaften deines Engels direkt empfängst ohne die Karten als Hilfsmittel. Versuche es und achte auf die leise Stimme.

Die Farben Hier sind zwei Farben, die Extreme darstellen. Zum einen das Rot: sehr materiell, kraftgeladen und irdisch, Symbol für Durchsetzungskraft, Tatendrang und Energie. Zum anderen das eher „himmlische" Blau mit seiner Ruhe, voller Vertrauen, ein Aspekt des Göttlichen, Symbol von Frieden und Fürsorge. Wenn du beide Farben vermischst, dann entsteht ein wunderschönes Violett. Es verbindet die Extreme und kann daher Heilung für dich oder eine Situation, an der du beteiligt bist, herbeiführen.

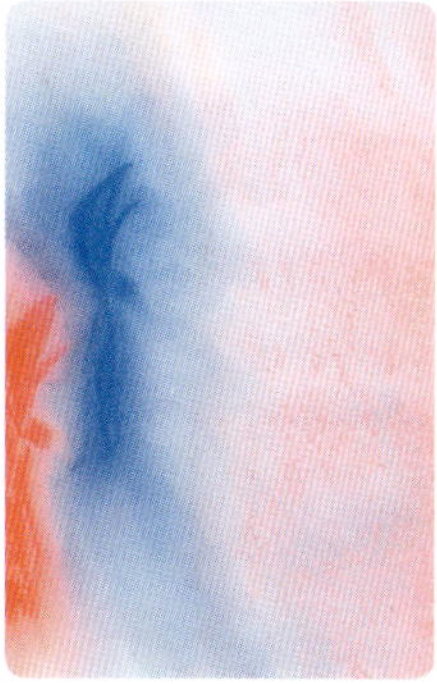

Die Botschaft Lebe deine Weiblichkeit, wenn du ein Mann bist. Lebe deine Männlichkeit, wenn du eine Frau bist. Nur zusammen ergeben sie ein Ganzes. Wir haben beides in uns und sollen beides in unser Leben integrieren. Schaue dir deine Frage an und überlege, ob du nicht den andersgeschlechtlichen Aspekt in die Lösung integrieren kannst. Beide Engel schauen nach rechts, also in die Zukunft. Damit sagen sie dir: Wühle nicht weiter in der Vergangenheit herum, zumindest nicht für das Thema, für das du die Karte gezogen oder gelegt hast. Konzentriere dich auf künftige Dinge. Und denke daran: die Zukunft ist immer kurz nach dem Jetzt. In einer Minute ist genau so Zukunft wie in 50 Jahren.

Lebe die Dualität. Erkenne, dass das Eine nicht ohne das Andere kann.

Übung Schaue dir die Karte ein paar Minuten lang an. Lasse deinen Blick verschwimmen und erkenne, dass alles miteinander verwoben und verbunden ist. Erkenne, dass jeder Aspekt deines Seins seine Berechtigung hat. Integriere diese Erkenntnis in dein Leben. Spüre und lebe das Männliche und das Weibliche in dir und sei dir ihrer Kraft bewusst. Achte bei dieser Übung darauf, ob dir die Engel etwas mitteilen möchten: als gesprochenes Wort, als Bild vor deinem inneren Auge oder als Gefühl in deinem Herzen.

Wende den Blick und lasse dich von feinstofflichen Energien führen!

Die Farben Das zarte Violett steht für Transformation und weist auf spirituelle Führung hin. Es besteht aus den beiden „unsichtbaren" Farben Hellrot bzw. Rosa und Hellblau. Dabei steht Rosa für Liebe, Herzensenergie und das männlich-väterliche Prinzip; Hellblau hingegen für das weiblich-mütterliche Prinzip, Vertrauen und den Glauben an das Göttliche.

Die Botschaft Der Engel schaut nach links, also zurück in die Vergangenheit. Vielleicht sollst du noch einmal in die Vergangenheit schauen, um deine spirituelle Führerrolle anzunehmen. Vielleicht ist aber auch in der Vergangenheit noch ein wenig aufzuräumen. Bei beidem helfen dir die Engel. Folge vertrauensvoll deinen Impulsen. Der Engel auf der Karte sagt dir ganz deutlich: „Ist deine Vergangenheit klar, so drehe dich um und übernimm die Führung über dein spirituelles Leben!"
Möglicherweise will dir der Engel auch zeigen, dass du noch zu sehr in die Vergangenheit gewandt bist. Dann sagt er dir: „Höre auf, ständig in der Vergangenheit herumzustöbern. Genug damit! Drehe dich um, sei im Hier und Jetzt und richte den Blick in die Zukunft."
Welches die Botschaft der Karte für dich ist, wirst du erfahren, wenn du dich deiner Intuition und feinstofflichen Wahrnehmung öffnest, zum Beispiel mit der folgenden Übung.

Übung Nimm die Karte in deine linke Hand, lege deine rechte Hand darauf und spüre die Energie. Spüre die Engel, die jetzt um dich herum sind. Spüre hinein in das zarte, helle Violett. Schließe deine Augen und stelle dir vor, wie dieses helle Violett von der Karte ausgehend durch deine Hände in deinen Körper fließt und dich nach und nach komplett erfüllt. Achte dabei auf deine Gefühle und auf die Botschaften deiner Engel.

Die Farben Das leuchtende Gelb steht für Lernen und Lehren, aber auch für Emotionen, Ängste, Partnerschaft und auf der körperlichen Ebene für unsere Verdauung.

Die Botschaft Du befindest dich in einem Lernschritt und glaubst möglicherweise, dass du Hilfe von außen brauchst, von anderen Menschen oder von deinen Engeln. Der Engel auf der Karte tritt nur sehr schemenhaft aus seinem Gelb hervor. Damit möchte er dir sagen, dass es jetzt darauf ankommt, dass du wieder Zugang zu der enormen Weisheit findest, die du in dir trägst. Nutze sie! Der Unterschied zwischen Wissen und Weisheit ist meines Erachtens folgender: Wissen ist das, was wir uns während dieser Inkarnation aneignen und abrufbar speichern. Die Weisheit hingegen ist das, was ich den Urspeicher nenne. Hier sind das Wissen und die Erfahrungen aus vielen, vielen Leben gespeichert. Dieser liebevolle Engel möchte dich auf deine Weisheit aufmerksam machen. Du sollst sie anzapfen und nutzen. Wie? Bitte deine Engel um Hilfe, sie warten darauf. In dieser Bitte liegt die Lösung.

Ich bin der Engel des Lernens. Nutze deine innere Weisheit!

Übungen Schließe deine Augen und verbinde dich mit dem Engel der Weisheit, in dem du ihn zu dir bittest. Bitte ihn, dir zu helfen, wieder Zugang zu deiner uralten inneren Weisheit zu erhalten. Achte dabei und in der Folgezeit auf alle Hinweise, die du im Innen und im Außen wahrnehmen kannst. Danke deinem Engel der Weisheit für sein Kommen und für seine Hilfe.
Oder: Konzentriere dich auf deine Atmung und deinen Oberkopf. Rufe alle Engel herbei, die dir helfen können, deine Gedanken zu klären, um neue Lernschritte zu meistern. Sei wachsam und aufmerksam in deiner Wahrnehmung und du wirst sie spüren, oft als einen feinen Windhauch.

Die Natur ist dein Element. Hier findest du alles, was du brauchst.

Die Farben Grün steht für die Natur, für den Neubeginn, darüber hinaus für Weite und Raum sowie auf der körperlichen Ebene für die Atmung und das Herz-Kreislauf-System.

Die Botschaft „Die Natur ist dein Element.", sagt dir dieser Engel und steht mit beiden Beinen fest auf dem Boden, gerade und aufrecht. Werde dir wieder mehr deiner wahren Natur bewusst. Die freie Natur in Wald, Wiesen und Feldern wird dir die richtigen Impulse und die Kraft dazu geben. Hier findest du alles, was deine Seele wirklich braucht. Spüre in dich hinein und du bekommst klare Informationen, was dich wirklich zufrieden und glücklich macht.
Dieser Engel kündigt manches Mal auch einen Neubeginn an. Etwas Neues kommt in Dein Leben, neue Bekanntschaften, neue Situationen, neue berufliche Aussichten. Diese Karte kann auch ein Hinweis darauf sein, dass du prüfen solltest, ob du noch das Richtige tust, am richtigen Ort, mit den richtigen Menschen zusammen bist. Prüfe deinen eigenen Raum. Hilfe für all das findest du in der Natur.

Übungen Wenn du Kraft, Stärke oder neue Impulse benötigst, dann lehne dich an einen schönen Baum und lasse deine Aura mit seiner verschmelzen. Bitte nun deine Engel, dir zu helfen, mit diesem Baum zu kommunizieren. Achte auf alle Eingebungen, Gefühle und Begebenheiten, die jetzt um dich und in dir entstehen.
Oder nimm eine Blüte in die Hand, ohne sie zu pflücken. Halte deine Hand um sie, egal ob Rose oder Gänseblümchen, und bitte deine Engel, Kontakt herzustellen. Wenn Du magst, schließe die Augen. Durch eine einzige Blüte kannst du Impulse erhalten, Hinweise bekommen oder dich aufladen.

Die Farben Grün und Rosa sind die Farben unseres Herzzentrums. Rosa steht für Liebe, Zuneigung, Selbstliebe. Grün ist raumgebend und spricht das Herz-Kreislauf-System sowie die Atmung an.

Die Botschaft Liebst du dich wirklich selbst, so wie du bist mit all deinen Fehlern? Liebst du alle Aspekte deines Seins, dein Denken, deinen Charakter, deinen Körper? Wie oft wurde dein Herz verletzt und du hast es verdrängt, um nicht genauer hinschauen zu müssen? Jetzt ist die Zeit, verborgene Gefühle wieder an die Oberfläche zu lassen um sie anzuschauen, aufzulösen und freier zu werden. Bitte die Engel der Herzenergie, dir bei der Heilung zu helfen.

Außerdem geht es um deinen eigenen Raum. Brauchst du mehr geschützten Raum, zu dem andere keinen Zutritt haben? Oder hast du dich so sehr in deinen eigenen Raum zurückgezogen, dass sich überhaupt niemand mehr an dich herantraut? Bitte die Engel, dir zu helfen, deinen Raum zu finden und Grenzen richtig zu setzten.

Und wenn dann das „alte", verletzte Herz geheilt ist, darf etwas Neues in deinem Leben beginnen.

Heile die Verletzungen deines Herzens. Ich helfe dir.

Übung Schließe deine Augen und konzentriere dich auf die Atmung. Atme tief und spüre, wie sich Brust- und Bauchraum weiten. Spüre in deine Atembewegung hinein und erschaffe dir Raum, deinen Raum! Atme etwa zehn Atemzüge lang durch die Nase ein und durch den Mund wieder aus. Visualisiere dabei, dass du rosafarbene Energie einatmest und alles Belastende und Schwere ausatmest. Danach atme etwa zehn Mal durch den Mund ein und durch die Nase aus. Nun visualisiere, dass du grüne Energie ein- und alles Belastende und Einengende ausatmest. Atme danach ganz normal weiter und spüre in dein Herz und in deinen Brustraum.

Ändere deine Gedanken und du wirst erhalten, was dir zugedacht ist.

Die Farben Gelb steht hier vor allem für unsere Gedanken und unser persönliches Wissen, Gold für Weisheit und altes, tiefes Wissen. Der Rotschimmer am Kopf weist auf Macht und Hitze hin.

Die Botschaft Dieser Engel will dich auf die Macht deiner Gedanken aufmerksam machen. Denn was du denkst und sagst und dadurch ausstrahlst, das ziehst du magnetisch in dein Leben. Ein Beispiel: Wenn wir uns ständig über die roten Zahlen auf unserem Kontoauszug grämen, dann verstärken wir das Gefühl des Mangels und der Angst. Stellen wir uns sattdessen bewusst schwarze Zahlen auf unserem Konto vor und schicken wir unsere Aufmerksamkeit und Energie dorthin, dann werden wir auch Fülle und Zufriedenheit in unser Leben ziehen. Auch in anderen schwierigen Situationen, etwa vor einer Prüfung, denke nicht an die Schwierigkeit, sondern an die wunderbare Zeit, wenn du sie erst gemeistert hast.
Achte auf deine Gedanken und darauf, was du in deinem Leben manifestieren möchtest. Die Materie folgt der Energie, und Gedanken sind enorm starke Energien. „Denke dir den Kopf nicht heiß“, sagt dir der Engel, „sondern nutze klug die Macht deiner Gedanken. Ich helfe dir dabei.“

Übung Schließe die Augen, rufe die Engel der Reinigung zu dir und bitte sie, dir zu helfen, alle deine negativen Gedanken zu bereinigen und durch positive zu ersetzen. Schaue dir alle Gedanken, die dir jetzt kommen, genau an und überprüfe sie mit Hilfe der Engel. Du wirst Impulse und Gefühle verspüren, welche Gedanken du ändern sollst und wie. Mache diese Übung am besten regelmäßig. Du spürst dann immer früher und klarer, wenn sich negative Gedanken einschleichen wollen und wie du sie in positive verwandeln kannst.

Die Farben Grün ist die Farbe der Heilung (Violett übrigens auch). Weiß hat alle Farben zu gleichen Teilen in sich. Es verkörpert Reinigung und Klärung, aber auch Entscheidung.

Die Botschaft Dieser Engel fordert dich auf, eine Situation zu heilen. Du kennst sie und es ist höchste Zeit, sie zu klären. Du musst dich nur dafür entscheiden. Wenn dir die zu heilende Situation nicht auf Anhieb einfällt, dann hilft er dir, sie zu erkennen, damit du dir sicher sein kannst, in welche Richtung die Heilung geht. Achte auf die sanften, leisen Hinweise oder Impulse aus dem Reich der Engel. Der Engel fordert dich auf, dich mit der Situation noch einmal auseinanderzusetzen, damit nach der Reinigung und Heilung etwas Neues entstehen kann. Denn etwas Neues möchte gerne in dein Leben kommen, doch das kann es nicht, bevor das Alte erledigt ist. Entscheide dich jetzt dafür, diese Sache anzugehen. Die Engel werden dir dabei helfen.

Konzentriere dich jetzt auf die Heilung der Situation.

Übungen Schließe die Augen und bitte deine Engel zu dir oder berufe eine Engelkonferenz ein. Bitte bei dieser Konferenz deine Engel, dir jetzt die zu heilende Situation genau vor Augen zu halten. Schicke dann die Farbe Grün in diese Situation und bitte gleichzeitig um Klärung und Heilung.
Wenn Du weißt, welche Situation gemeint ist, dann stelle sie dir vor wie ein Theaterstück. Du führst Regie. Schaue genau hin, was passiert. Was läuft falsch, was ist hier nicht in Ordnung? Du kannst jetzt eingreifen und mit der Kraft deiner Gedanken ein heilendes Bild, eine heilende Szene kreieren. Schicke dann diese Energien zu den mitspielenden Personen. Bitte deine Engel, die heilende Energie zu verstärken.

Du hast deine kreative Phase. Setze sie in die Realität um!

Die Farben Bunt wie das Leben ist diese Karte. Grün ist eine Farbe des Herzens, des Neuanfangs, des Raumes. Türkis ist die Farbe der Kreativität. Blau steht für Ruhe, Frieden, Vertrauen; Violett für die Heilung und die Integration von Extremen. Rot zeigt uns Kraft, Stärke und Ausdauer, Orange Lebensfreude und Weiß steht für die Entscheidung aus der Fülle.

Die Botschaft „Lebe deine Kreativität", sagt dieser Engel, „und beziehe deine Spiritualität mit ein." Du kannst etwas Wundervolles schaffen. Jetzt ist deine kreative Zeit. Fange an, in die Kreativität zu gehen. Es sind dir alle Möglichkeiten offen, entscheide selbst. Werte nicht, erwarte nichts, tu es einfach! Möchtest du tanzen, malen oder ein Musikinstrument erlernen? Warum nicht! Jetzt ist die beste Zeit dazu. Möchtest du endlich das Buch schreiben, das dir schon so lange im Kopf herumgeht? Nur zu, jetzt sind die Energien günstig und die Engel werden dir helfen, wenn du sie darum bittest und in dein Leben und Tun einlädst. Lebe deine Kreativität. JETZT!

Übungen Lege schöne Musik auf und lasse Räucherstäbchen oder Duftlampe Wohlgeruch verbreiten. Dann male ein Mandala aus oder kreiere selber eines. Bitte deine Engel, dir dabei zu helfen. Lasse die Energie einfach fließen, spiele mit Farben und Formen und lasse unter deinen Händen wie von selbst Wundervolles entstehen.

Oder gehe in die Natur und sammle schöne Dinge. Bitte die Engel, die Elfen und Feen, dir zu helfen. Lege deine Schätze zu Hause auf den Tisch und schaue, was daraus entstehen könnte. Bitte deine Engel zu dir und lasse deiner Phantasie und Kreativität freien Lauf. Du wirst erstaunt sein, was du alles entstehen lassen kannst.

Die Farben Braun und Beige sind die Farben der Erde und der Arbeit, die man mit den Händen tun kann.

Die Botschaft Wie wir selbst ist auch alles in der Natur behütet und begleitet. Pflanzen und Tiere, Täler und Berge, Wind und Wasser sind umgeben und bevölkert von feinstofflichen Wesen. Wenn du mehr über sie wissen möchtest, dann empfehle ich das Buch *Feen, Elfen, Gnome* von Jeanne Ruland. Wie zu den Engeln kannst du auch zu den Naturgeistern Kontakt aufnehmen. Vielleicht bei einem ausgedehnten Spaziergang an einem sonnigen Herbsttag? Spüre nach, zu welchen Wesen du dich am meisten hingezogen fühlst. Meistens haben sie eine Botschaft für uns. Wir müssen nur genau hinhören oder hinschauen.
Diese Karte kann auch ein Hinweis sein, dich mehr um die Natur und um natürliche Dinge in deinem Leben zu kümmern, vielleicht um deinen Garten oder deine Zimmerpflanzen? Etwas in deinem natürlichen Umfeld braucht deine Aufmerksamkeit. Die Engel und Naturgeister werden dir sagen, was es ist und was es von dir braucht.

Verbinde dich mit den Naturgeistern, den Elfen und Feen!

Übungen Gehe mit deiner gesamten Aufmerksamkeit durch die Natur. Schaue bewusst, höre genau und fühle aufmerksam. Öffne alle deine Sinne. Vielleicht huscht eine Elfe zwischen Grashalmen umher oder ein kleiner Kobold will dich aufmuntern. Du spürst ihn daran, dass dich plötzlich Fröhlichkeit überkommt und du schmunzelst. Lasse dich bei deinem Spaziergang auf die Welt der Naturwesen ein.
Oder setze dich an ein Gewässer. Schaue das Wasser an und bitte die Geistwesen dieses Wassers, dir ein Zeichen zu geben. Warte ab, was geschieht. Vielleicht bildet das Wasser plötzlich Ringe ohne ersichtlichen Grund oder etwas ganz anderes passiert. Nichts ist unmöglich.

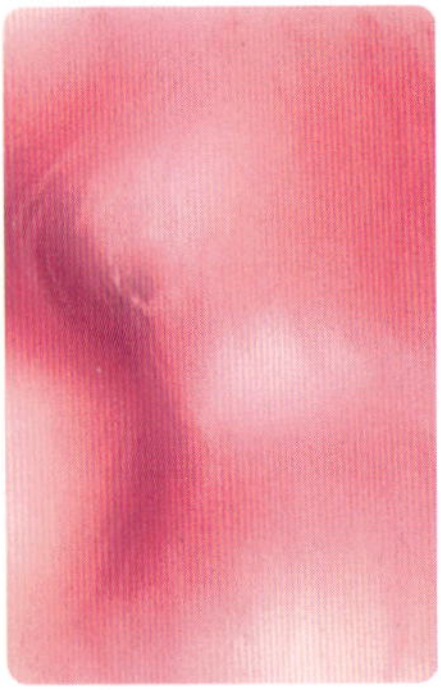

Lasse deine Liebe in die Welt strahlen und du bekommst sie mehrfach zurück!

Die Farben Vom zarten Rosa bis zum kräftigen Pink reichen die Farben des Herzens und der bedingungslosen Liebe. Ein Hauch Weiß symbolisiert die positive Entscheidung.

Die Botschaft Der Engel schaut in die Zukunft und will dir Mut machen, mit Liebe durchs Leben zu gehen. Die Angst, verletzt zu werden, liegt wie ein Schleier über deinem Herzen. Nimm ihn fort. Du bist ein Teil des Ganzen. Alles, was geschieht, läuft ineinander, alles gehört irgendwie zusammen. Aus dieser Perspektive fällt es ein wenig leichter, die Dinge so anzunehmen, wie sie sind und die Liebe darin zu erkennen. Schenke dir auch selber Liebe. Liebe dich so wie du bist, mit allen Unzulänglichkeiten und Fehlern. Bitte deine Engel um Hilfe, wenn dir das schwer fällt. Fange an, die kleinen Dinge zu lieben, das Schöne in den unscheinbaren Alltagsdingen zu entdecken. Du wirst selbst spüren, wie du nach und nach immer mehr Liebe ausstrahlst und wie vielfach sie zu dir zurückkehrt.

Übungen Lege ein rotes oder rosafarbenes Rosenblütenblatt in deine linke Hand. Schließe die Augen und spüre die liebevolle Schwingung, die von ihm ausgeht. Lasse sie sich in deiner Hand ausbreiten und über Arm und Schulter bis in dein Herz fließen, bis es ganz davon erfüllt ist. Genieße die feinen Energien solange du möchtest. Fortgeschrittene können bereits das Blütenblatt in der Hand visualisieren.
Oder schließe deine Augen und stelle dir dein Herzchakra als geschlossene Blütenknospe vor. Nun lasse sie mit jedem Atemzug etwas weiter aufgehen, bis dein Herzzentrum eine strahlende, offene Blüte wird. Aus dieser Blüte schicke rosafarbene Liebesenergie in dein Umfeld. Bitte deine Engel, diese Energie in die Welt zu tragen.

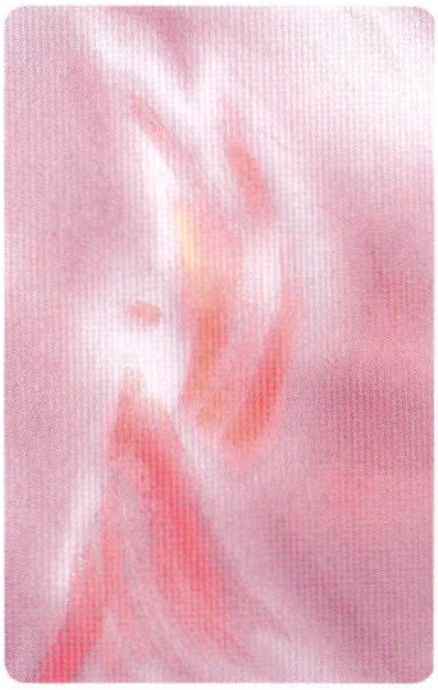

Die Farben Rosa ist die liebevolle Energie des Herzens; Weiß beinhaltet alle Farben und steht daher für die Entscheidung aus der Fülle.

Die Botschaft Kraftvoll sagt dir der Engel: „Höre auf, in der Vergangenheit herumzuwühlen. Drehe dich um, schaue nach vorne und gehe deinen Weg. Mache Pläne mit Hilfe der Engelenergien und führe sie nach und nach aus. Du hast die Kraft und die Energie dazu. Die Vergangenheit kannst du nicht mehr verändern, die Zukunft aber kannst du planen. Tue es jetzt!" In stressigen Situationen kann Planen wie Balsam für die Seele sein. Wenn alles über dir zusammenzubrechen scheint, dann ordne die Dinge nach ihrer Dringlichkeit. Schon hast du wieder Struktur geschaffen und Ordnung ins Chaos gebracht. Freiräume entstehen fast wie von selbst und das Gefühl des ohnmächtigen Ausgeliefertseins weicht der Zuversicht, dein Leben, den Tag, die Situation gestalten zu können. Denke immer daran: Was eben noch war, ist schon Vergangenheit. Die Zukunft beginnt jetzt. Lasse dir von den Engeln helfen, sie zu gestalten.

Schaue nach vorne, nicht zurück. Plane jetzt!

Übung Setze dich bequem hin, schließe deine Augen und wende den Kopf nach links. Vor deinem geistigen Auge siehst du jetzt das, was hinter dir liegt. Mit dem Willen, nicht mehr länger in diese Richtung zu blicken, wende dann den Kopf bewusst nach rechts. Jetzt schaust du in die Zukunft. Dies ist die Richtung, in die du gehen wirst. Zum Abschluss wende deinen Kopf geradeaus. Hier ist die Gegenwart. Hier machst du Pläne, wie es jetzt weitergehen soll. Jetzt rufe den Engel der Zeit und sein Helferteam zu dir. Bitte sie, dir bei deinen Plänen mit Rat und Segen zur Seite zu stehen. Sicherlich wird dir dann Vieles strukturierter und leichter von der Hand gehen.

Achte auf deine Familie, sie braucht dich!

Die Farben Das Beige steht hier für Handlungsbedarf, Grün für Neubeginn und individuellen Freiraum, Gelb für Partnerschaft, Weiß für göttliche Führung und Schutz.

Die Botschaft Die drei kleineren Engel haben sich zusammengefunden, um deine Familie oder die Menschen, mit denen du eng verbunden bist, zu symbolisieren. Doch in der Gruppe steht jeder für sich, der gemeinsame Grund und das gemeinsame Ziel scheinen verloren. Von dem Zusammenhalt, wie man ihn sich in einer Familie vorstellen würde, ist nicht mehr viel zu spüren. Diese Verbindung braucht auf einer oder mehreren Ebenen Heilung. Dabei ist keiner allein, auch du und deine Familie nicht. Ein großer Engel wacht über euch und wird euch helfen, den richtigen gemeinsamen Weg zu erkennen und zu gehen. Sei einfach achtsam, achte auf die „Kleinigkeiten", die dir im Alltag begegnen. Achte auch auf die Wünsche und Bedürfnisse der anderen und bringe aktiv Kompromissvorschläge ein. Wenn es schwierig wird, bitte immer deine Engel der Klarheit dazu, damit du erkennen kannst, was euch gemeinsam am besten weiterhilft.

Übungen Wenn du mit deiner Familie oder einer anderen Gemeinschaft zusammenlebst: Schließe die Augen und nimm diese Menschen gedanklich an die Hand. Wenn ihr alle verbunden seid, dann tretet vor euren großen Schutzengel und bittet um Führung. Achte auf Einzelheiten, die du wahrnimmst.
Für dich alleine: Stelle dich mit nackten Füßen aufs Gras. Spüre den Boden und die Kraft der Erde. Lasse diese Kraft über die Füße in dir emporsteigen. Hüpfe ein paar Mal hoch und spüre, wie die Kraft und Energie in deine Fußsohlen strömt. Nimm diese zusätzliche Kraft und gib sie mit in die Gemeinschaften, die mit dir verbunden sind.

Die Farben Alle Regenbogenfarben sind hier vertreten. Die roten Konturen des Engels stehen für Kraft und Stärke.

Die Botschaft So wie der Engel seine farbenfrohe, kräftige Energie aus dem Innersten herausstrahlt, so darfst auch du jetzt dein ganzes riesiges Potenzial zeigen. Halte es nicht zurück. Du hast die Kraft und das Durchsetzungsvermögen, das du brauchst, und die göttliche Führung begleitet dich. Gehe nach außen. Vielleicht solltest du Vorträge halten. Oder eher Einzelgespräche führen. Vielleicht Artikel schreiben. Oder irgendwie anders in die Öffentlichkeit treten. Sicher ist, dass du mit etwas, das du in deinem Inneren bis jetzt aufbewahrt hast, nach außen treten solltest. Den nötigen Mut hast du, die richtigen Worte findest du auch. Dieser Engel zeigt dir, dass jetzt der richtige Zeitpunkt dafür gekommen ist.
Achte dabei darauf, dass du dir treu bleibst und dich nicht verbiegen lässt. Sei offen für die feinstofflichen Energien der Engel, sie werden dich führen und dir helfen.

Du hast jetzt die Power, andere zu erreichen und zu begeistern!

Übungen Schließe die Augen und stelle dir einen strahlenden Regenbogen vor. Bitte deinen Engel, dich mit den Farben des Regenbogens zu erfüllen. Lasse Rot in dein Wurzelchakra fließen, Orange in den Unterleib, Gelb in den Solarplexus, Grün in deinen Herzbereich, Hellblau in den Bereich um den Kehlkopf, Königsblau um und in deine Stirn sowie Violett in dein Scheitelchakra auf dem höchsten Punkt deines Kopfes. Genieße dieses Auftanken mit allen Sinnen.
Oder bitte deinen Engel der Klärung zu dir. Schaue mit ihm in dein Innerstes und entdecke dort, was du nach außen bringen sollst. Bitte um eine klare Wahrnehmung. Dein Engel wird dir helfen.

Haushalte mit deinen Kräften. Tue das, was dir gut tut.

Die Farben Das zarte Violett symbolisiert Verbundenheit nach oben und Heilung, das Türkis die Herzenskommunikation. Die düsteren Flecken an den Rändern weisen auf einen starken Energiemangel hin.

Die Botschaft Dieser Engel möchte dich warnen! Er sagt dir, dass du auf dich aufpassen sollst. Deine Kraftreserven neigen sich dem Ende zu. Wahrscheinlich kümmerst du dich um zu viele Dinge gleichzeitig, vielleicht auch um solche, um die du dich überhaupt nicht zu kümmern brauchst. Das zehrt enorm an deinen Kräften. Überprüfe deine Handlungen genau und lasse die Hände weg von Dingen, die nicht deine sind. Achte darauf, dass du deine Kraftreserven immer wieder richtig auffüllst. Am besten klappt das meist, wenn du etwas nur für dich tust.

Übung Überlege, was du am liebsten einmal tun würdest. Wenn dir nichts einfällt, dann gehe in die Stille und bitte deine Engel um einen entsprechenden Hinweis.
Wie wäre es mit einer Massage? Natürlich kostet das ein bisschen was, aber du bist es mehr als wert! Oder ein ganzer Wellness-Tag, an dem es einmal nur um dich, deinen Körper und deine Seele geht? Schwimmen gehen? Wandern? Tanzen? Worauf wartest du? Möchtest Du vielleicht heute Abend mit Freunden Essen gehen? Dann nimm den Telefonhörer und frage deine Freunde! Möchtest du gerne nächste Woche ins Theater? Dann kümmere dich um Karten. Je eher du die Karten in den Händen hältst, desto eher kannst du deine Vorfreude genießen.

Die Farben Die Braun- und Beigetöne dieser Karte stehen für alles Praktische, die Arbeit, die wir mit den Händen ausführen. Das Weiß symbolisiert Klarheit, Reinheit und Entscheidungskraft.

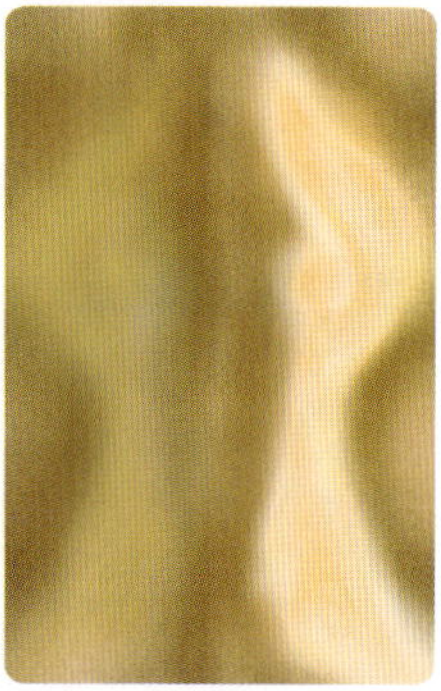

Die Botschaft Zwei Engel zeigen sich dir auf dieser Karte. Der rechte ist klar und deutlich erkennbar, der linke bleibt schemenhaft. In ihrer Dualität verkörpern sie die gute, lichte und die dunklere, schattenhafte Seite einer Entscheidung, vor der du stehst. Doch bevor du dich festlegst, wäge genau ab und entscheide erst dann. Schaue genau hin, damit du das Licht der guten Seite erkennen kannst und die richtige Entscheidung zu treffen vermagst.
Wenn du das Gefühl hast, dass im Augenblick bei dir gar keine Entscheidung ansteht, dann ziehe eine zweite Karte. Sie wird die Aussage dieser Karte ergänzen. Sicherlich findest du dann den Zugang zu der Botschaft, die die beiden Engel dir geben möchten.

Wäge genau die Vor- und Nachteile ab. Dann entscheide!

Übungen Nimm ein Blatt Papier und einen Stift zur Hand. Schreibe das Thema deiner Entscheidungssuche als Überschrift auf das Blatt. Dann unterteile das Blatt mit einem Längsstrich in zwei Spalten. In die rechte schreibe alle Vorteile, in die linke alle Nachteile. Allein die Länge der beiden Spalten wird dir eine enorme Entscheidungshilfe sein.
Wenn du dich aber beim besten Willen nicht für oder gegen irgendetwas entscheiden kannst, dann bitte deine Engel um sanfte Hinweise. Sie kommen vielleicht in Gestalt eines aufgeschnappten Gesprächsfetzens, eines „zufällig" gehörten Liedes oder eines Gefühls, das dich plötzlich überkommt. Sei einfach aufmerksam und offen in deiner Wahrnehmung.

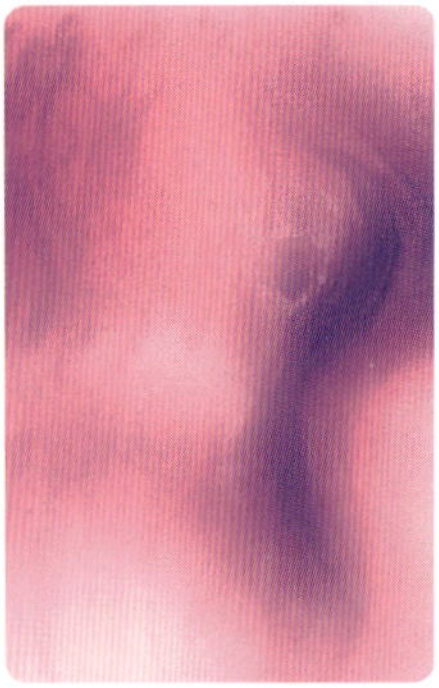

Ich bin dein Schutzengel und passe auf dich auf!

Die Farben Wir sehen auf dieser Karte Pink- und Lilatöne in allen Schattierungen. Pink ist reine Herzensenergie und Lila oder Violett ist die Heilung, die Spiritualität und die Verbindung nach oben.

Die Botschaft Dein Schutzengel versichert dir, dass er immer an deiner Seite ist und dich gut behütet. Offensichtlich brauchst du gerade seinen besonderen Schutz. Oder hast du für einen Moment vergessen, dass er immer bei dir ist? Dann versichert er dir, dass du dir keine Sorgen zu machen brauchst, denn er ist immer da. Natürlich sollst du dennoch auch selbst aufmerksam bleiben.

Man sagt, wir hätten alle stets mehrere Engel an unserer Seite: Der Führungsengel geht immer ein paar Meter vor uns und sorgt dafür, dass wir zur rechten Zeit am rechten Ort sind. Unsere Führungsengel sind Meister im Koordinieren und Organisieren, besonders wenn zum Beispiel zwei Menschen sich begegnen sollen. Dann gibt es den Seelenengel, der über allem wacht und sich um alles in übergeordneter Weise kümmert. Und natürlich den Schutzengel, der stets an unserer Seite ist und permanent aufpasst, dass nichts passiert, was nicht vorgesehen ist.

Übungen Wenn du deinen Schutzengel einmal bewusst sehen willst, dann gehe in die Stille, schließe die Augen und bitte deinen Schutzengel, sich dir jetzt zu zeigen, wenn er mag. Meist zeigt er sich so wie es deiner Vorstellung nahe kommt. Du kannst auch versuchen, mit ihm zu kommunizieren, über Worte „in deinem Kopf" oder über Gefühle. Lasse es einfach geschehen.

Rituale für deinen Schutz im Alltag findest du im vorderen Teil dieses Buches.

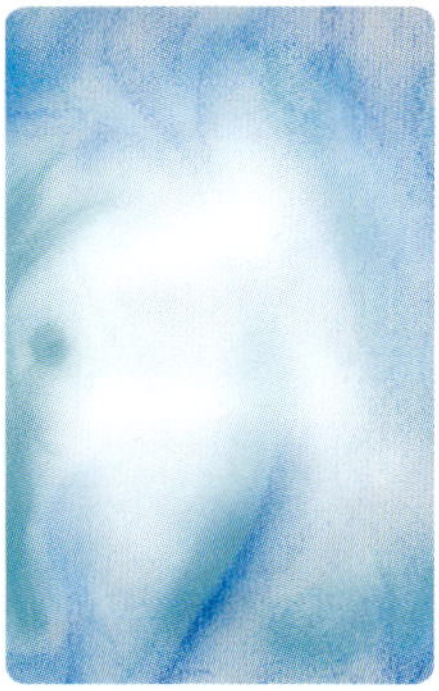

Die Farben Blau in allen Schattierungen ist unter anderem die Farbe der Kommunikation und des Ausdrucks.

Die Botschaft Der Engel möchte dich auffordern zu kommunizieren. Es hat keinen Sinn, alles in dich hineinzufressen, womöglich sogar in der Hoffnung, irgendwann würdest du es vergessen. Halte nicht still und kehre Probleme, über die gesprochen werden sollte, nicht unter den Teppich. Irgendwann wird der Hügel darunter so hoch, dass du darüber stolperst und dich verletzt. Spätestens dann wird es ohnehin für alle sichtbar. Darum hole dir lieber gleich wertvollen Rat von Außenstehenden. Sie stecken nicht in deiner Situation und haben deshalb oft den besseren Überblick. Nimm den Hinweis des Engels ernst und sprich mit einer Person deines Vertrauens. Wenn es um einen Konflikt mit einem oder mehreren anderen Menschen geht, dann scheue dich nicht, direkt mit dieser Person oder der Gruppe zu sprechen. Du wirst sehen: Vieles wird sofort klarer.

Sprich mit jemandem über alles. So wirst du Klarheit gewinnen!

Übungen Für Mut und Klarheit für ein Gespräch: Halte deinen linken Arm nach oben und öffne die Hand. Lege die rechte Hand an dein Halschakra. Bitte nun die Engel, dir Energie in deine linke Hand zu geben. Spüre, wie diese Energie in dich hinein und über deine rechte Hand zu deinem Hals strömt und dein Kommunikationszentrum reinigt und stärkt. Lasse die Energie solange fließen, wie es dir gut tut und danke zum Abschluss deinen Engeln.

Auch bewusst getragene blaue Kleidung oder Accessoires stärken dein Kommunikationszentrum.

Unter den Edelsteinen ist der blaue Chalcedon der Rednerstein. Du kannst ihn zum Beispiel abends in ein Glas Wasser legen und morgens dieses Wasser trinken. Tagsüber kannst du den Stein bei dir tragen.

Du bist genau auf dem richtigen Weg. Lasse dich nicht beirren!

Die Farben Braun steht für die Verbindung zur Erde und die praktische Arbeit, die man mit den Händen tut. Gold symbolisiert innere Weisheit und Reichtum.

Die Botschaft Dieser Engel möchte dir versichern, dass du genau auf dem richtigen Weg bist. Doch dass du immer noch zweifelst und alles zum x-ten Mal überdenkst, zehrt an deinen Kräften und verhindert, dass du vorwärts kommst. Halte an deinen Plänen fest! Der Weg, für den du dich entschieden hast, ist genau der richtige. Jetzt ist die Zeit, ihn zu beschreiten!
Vielleicht versuchen Menschen in deiner Umgebung massiv, dir dein Vorhaben auszureden. Womöglich setzen sie dich sogar unter Druck. Du hast die Kraft, dich gegen solche Einflüsse zu wehren. Deine Engel helfen dir dabei. Der goldene Engel auf dieser Karte ist eine Bereicherung für dich. Er wird dafür sorgen, dass du klar und zielstrebig deinen Weg gehst und erreichst, was du dir vorgenommen hast.

Übungen Schließe die Augen und bitte den goldenen Sonnenengel zu dir. Sieh ihn in strahlendem Gold! Bitte ihn, dich noch mehr zu stärken und zu führen. Lasse dich von ihm berühren, um noch mehr von dieser goldenen, sonnigen und lebensfrohen Energie aufzunehmen. Zum Abschluss danke ihm.
Immer wenn du kurz davor bist, von deinem Weg abzuweichen, kannst du Folgendes tun: Schließe die Augen und visualisiere deinen Weg und dein Ziel. Dann bitte Dinge, Personen oder Situationen, die sich dir in den Weg stellen, zur Seite zu gehen. Schiebe sie Kraft deiner Gedanken von deinem Weg herunter. Mache ihnen liebevoll klar, dass es ihnen nicht gestattet ist, deinen Weg zu erschweren und zu blockieren. Sobald deinem Ziel nichts mehr im Wege steht, bedanke dich und öffne die Augen.

Die Farben Wir sehen die Farben des Regenbogens von Rot bis Violett, der Kraft, Stärke, Bodenständigkeit bis hin zu Spiritualität, Heilung und Verbundenheit nach oben. Weiß ist die Farbe von Reinheit, Klarheit und Entscheidung.

Die Botschaft Im Zentrum steht ein weißer Engel, der alle Regenbogenfarben ausstrahlt und damit vermittelt, dass uns alles möglich ist, wenn wir uns nur entscheiden. Dir stehen jetzt alle Möglichkeiten und dein ganzes Potenzial zur Verfügung. Doch eine Entscheidung ist vonnöten. Wobei die Entscheidung nicht nur in zwei Richtungen ausfallen kann im Sinne von „ich tue es oder ich tue es nicht". Die Optionen sind sehr vielschichtig. Möglich ist auch, dass weitere Entscheidungen hinter der ersten Entscheidung warten. Und so kann es noch ein paar Stufen tiefer gehen.

Es ist alles möglich, entscheide dich einfach!

Übungen Bitte Erzengel Michael, dass er mit seinem Lichtschwert alles Lähmende und Schwere von dir abtrennt, damit du deine Entscheidungen leichter treffen kannst. Bitte ihn, dir beim Loslassen zu helfen. Bitte ihn und sein Helferteam vor dem Einschlafen, denn dann haben sie die ganze Nacht Zeit, energetisch mit dir zu arbeiten, ohne dass viele äußere Einflüsse störend wirken könnten.

Wenn die Entscheidungen mit neuen Dingen oder neuen Lebensabschnitten zu tun haben, so ist es oft hilfreich, Erzengel Gabriel zu sich zu bitten. Gabriel ist der Botschafter für den Neubeginn und kann wertvolle Hinweise geben. Diese Übung lässt sich gut mit geschlossenen Augen im Liegen ausführen. Nimm dir ein wenig Zeit dafür und achte auf alle Wahrnehmungen. Stelle deine Antennen auf Empfang.

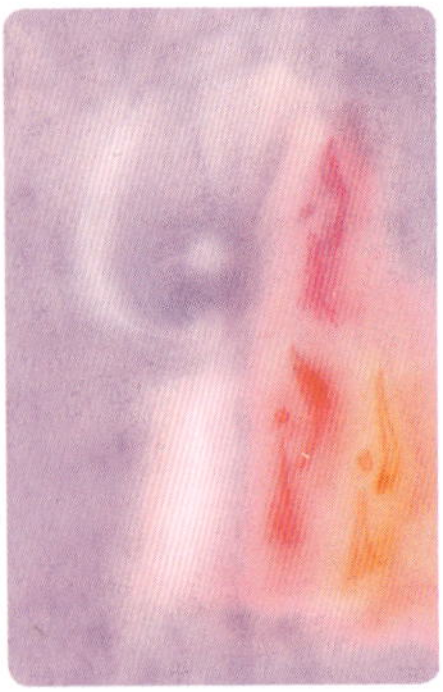

Du bist ein Teil des Ganzen. Es ist für dich gesorgt!

Die Farben Rot steht für das Irdische, das Bodenständige, Kraft und Stärke; Orange für Lebensfreude, Loslassen alter Blockaden; Rosa für das Herz, reine, bedingungslose Liebe.

Die Botschaft Beim genauen Hinsehen erkennen wir vier Engel, drei deutlich sichtbare auf der rechten Seite und einen großen, sehr lichtvollen Engel auf der linken Seite. Zusammen symbolisieren sie das Ganze, und du bist Teil des Ganzen. Das ist die Botschaft der Karte. Betrachte dich nicht als isoliert und losgelöst von Menschen, Dingen, Situationen. Du bist und bleibst Teil davon. Alles ist eins und wir alle sind ein Teil hiervon. Das bedeutet auch, dass wir niemals alleine sind. Das symbolisiert uns der linke, große und sehr lichtvolle Engel. Er ist kaum sichtbar, aber dennoch in Übergröße anwesend. Es ist für uns gesorgt. Und das zu jeder Zeit. Das ist natürlich kein Freibrief fürs Faulenzen. Nein, wirklich nicht. Wir müssen schon unseren nötigen Anteil dazu beitragen, dessen müssen wir uns ebenfalls bewusst sein.

Übungen Nimm eine Silber- oder Goldkette in die Hand und schaue und spüre, wie jedes Glied dazu beiträgt, dass die Kette ein Ganzes wird. Bräche nur ein Glied heraus, so wäre die Kette nutzlos und kaum noch zu verwenden. Auch das Leben auf der Erde ist wie eine riesige Kette. Du bist ein Glied darin, eingebunden und wichtig.

Wenn du dich von einer Gruppe oder Familie abgetrennt fühlst, dann schließe die Augen und visualisiere, wie die Gruppe zusammensteht und du von fern nur beobachtest. Jetzt gehe zu dieser Gruppe. Spüre, wie du aufgenommen wirst und nimm dieses Gefühl ganz in dich auf. Dann öffne die Augen. Die materielle Wirklichkeit wird deinen Gedankenenergien folgen.

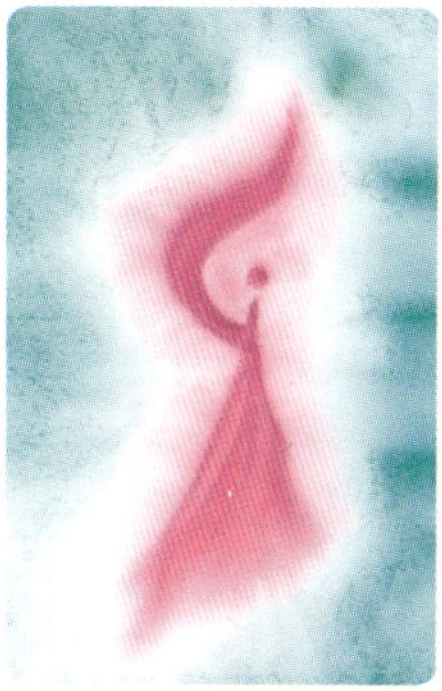

Lebe *dein* Leben und nicht das der anderen!

Die Farben Die Rosa- und Türkistöne stehen für Herzensenergie und Herzenskommunikation.

Die Botschaft Allzu oft ertappen wir uns dabei, dass wir anderen Menschen helfen möchten und uns dabei zu tief und bestimmend in ihr Leben einmischen. Oder wir lassen andere über uns bestimmen: Partner, erwachsene Kinder, Eltern ... Wichtig ist immer, dass Grenzen eingehalten werden, jeder seinen Raum behält und eigenständig über sich und sein Leben entscheiden darf. Übergriffe, die die Integrität verletzen, sind nicht gestattet. Der Engel dieser Karte erinnert uns daran, dass die Klärung dieser Verstrickungen liebevoll geschehen soll. Versuche immer, dein Herz in die Kommunikation mit einzubeziehen und nicht nur rational zu argumentieren. Dann ist dir der Erfolg sicher.

Übungen Schließe die Augen und rufe deine Engel zu dir. Sie werden dir helfen, in deinem Raum zu bleiben. Stelle dir vor, wie du eine Schnur oder ein Band rund um deinen ganzen Körper legst. Lege die Schnur so eng oder weit um dich, dass du dich wohl fühlst. Bitte deine Engel dabei um Hilfe. Wenn die richtige Position gefunden ist, dann verinnerliche diesen Zustand. Erkenne, welches dein Raum ist, in dem du entscheiden und leben darfst.

Oder schließe die Augen und rufe Erzengel Michael mit seinen Helferengeln herbei. Bitte Michael, dass er jetzt mit seinem Lichtschwert alle Schnüre durchtrennt, die nicht zu dir gehören. Das sind Schnüre, durch die sich andere Menschen an deine Energie anschließen. Am Ende visualisiere weißes Licht. Es füllt alle Lücken, die durch das Entfernen der Schnüre entstanden sind. Wie fühlst du dich jetzt? Spüre hinein.

Öffne dein Herz und entdecke, was du wirklich willst!

Die Farben Grün gehört zum Herzchakra, zum physischen Herzen und zu den Atmungsorganen. Es symbolisiert Neubeginn, Raum und Weite.

Die Botschaft Dieser Engel möchte dir sagen: „Hab Mut, dein Herz zu öffnen. Ich bin bei dir und behüte dich." Hast du dein Herz irgendwann einmal verschlossen und nicht wieder geöffnet? Vielleicht aus Angst vor weiteren Verletzungen? Fühlst du dich eingeengt und hast kaum Luft zum Atmen (im übertragenen Sinne)? Fehlt dir der Freiraum für Dinge, die du gerne tun möchtest? Dann sagt dir der Engel: „Spüre in dein Herz und schaue, was du wirklich willst." Wenn du es öffnest, wirst du deine vergrabenen Sehnsüchte und Wünsche spüren. Dann tun sich auch Räume auf, sie zu erfüllen.
Oft zeigt diese Karte auch einen Neubeginn an. Vielleicht steht er schon vor der Tür und du hast ihn nur noch nicht wahrgenommen. Habe keine Angst, dein gewohntes Terrain zu verlassen und in Neuland vorzustoßen. Spüre nur in dein Herz. Dort kannst du das Neue langsam kennenlernen.

Übungen Kontemplativ: Schließe die Augen und achte nur noch auf deine Atmung. Lasse deinen Atem gezielt in dein Herzchakra hineinfließen. Spüre, wie dein Atem es berührt und mit Energie versorgt. Visualisiere dein Herzchakra als Blume, die sich mit jedem Atemzug weiter öffnet. Lasse es so weit aufgehen, wie du möchtest. Spüre dann hinein und hole liebevoll deine verborgenen Wünsche an die Oberfläche.
Aktiv: Gehe in der freien Natur zügig spazieren oder jogge mitten im Grünen. Erfülle deinen gesamten Brustraum ganz bewusst mit der frischen Luft. Stelle dir mit jedem Ausatmen vor, wie Schwere und Enge sich von dir lösen und spüre, wie alles immer weiter und freier wird.

Die Farben Die Gold- und Silbertöne im Hintergrund stehen für das männliche und weibliche Prinzip und tiefe Weisheit. Der Engel in hellem Orange bis Koralle steht für die Bearbeitung von Schocks, um wieder in die Lebensfreude zu gelangen.

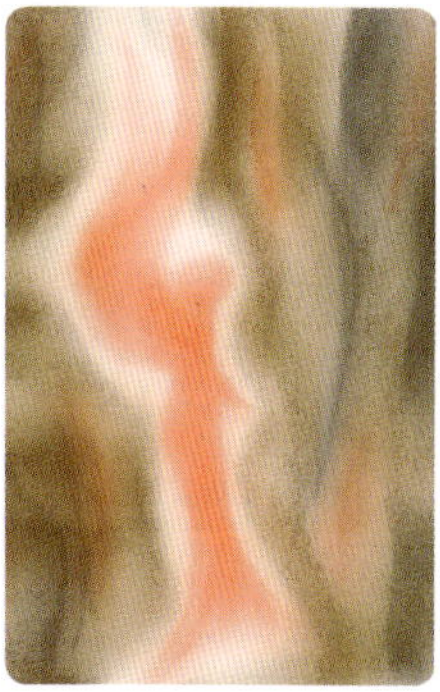

Heile alte Wunden und entdecke deine Lebensfreude!

Die Botschaft Jetzt ist die Zeit gekommen, dass deine tief sitzenden Verletzungen, seien sie aus diesem oder früheren Leben, heilen dürfen. Schaue sie mit Hilfe deiner Engel vorsichtig an und entscheide dann, ob du dir vielleicht therapeutische Hilfe holen möchtest.
Viele tiefe Verletzungen entstehen im Spannungsfeld zwischen Mann und Frau. Gerade hier ist Vergebung ein großer Heiler. Wenn du dir selbst und allen Beteiligten verzeihen kannst, so ist das Balsam auf schmerzende Wunden, und du wirst spüren, wie sie sich allmählich schließen.
Außerdem zeigt dir der Engel, dass es jetzt an der Zeit ist, wahre Lebensfreude zu leben. Lasse dir von deinen Engeln zeigen, was du tun kannst, damit du wieder lachst wie ein Kind. Engel lieben Fröhlichkeit und hören uns unglaublich gerne lachen. Dessen kannst du dir sicher sein.

Übungen Schließe die Augen und bitte deinen Engel, dir eine alte Wunde zu zeigen. Spüre aufmerksam, ob vielleicht ein bestimmter Gedanke oder ein Gefühl aufsteigt. Schaue es dir genau an und bitte deinen Engel, es jetzt mit dir zusammen aufzulösen. Verzeihe dir und allen Beteiligten und danke ihnen für diese Erfahrung.
Oder visualisiere weißes, reinigendes Licht, das aus dem Kosmos auf die Erde strahlt. Lasse es deinen physischen und alle feinstofflichen Körper erfüllen. Du könntest es auch mit Rosa für die Liebe oder Orange für die Lebensfreude zart einfärben. Genieße diesen Balsam für Seele und Körper und danke zum Abschluss dafür.

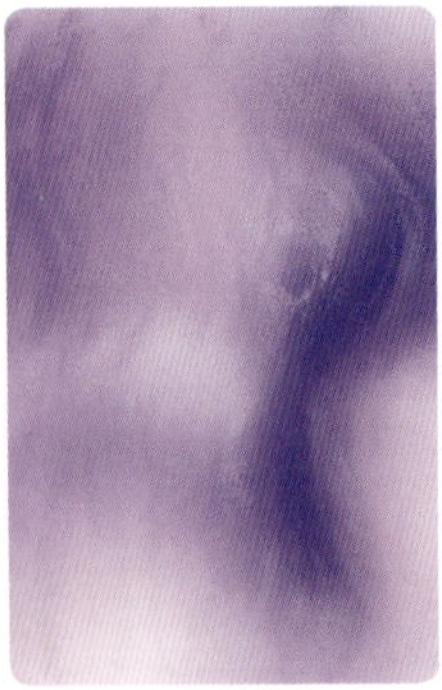

Du bist hoch spirituell. Integriere es mehr in deinen Alltag!

Die Farben Violett verbindet die Extreme Rot (Kraft, Stärke, Bodenständigkeit, Durchsetzungskraft, das Männliche) und Blau (das Göttliche, Vertrauen, Ausdruck, Ruhe und Frieden, das Weibliche). Es ist die Farbe der Spiritualität und der Heilung.

Die Botschaft Du hast eine wunderbare Verbindung zum Göttlichen. Warum lebst du sie nicht? Welche Ängste halten dich davon ab? Lasse dir von den Engeln helfen, den Mut zu finden, den du brauchst. Du hast die Kraft und die Fähigkeiten, heilend zu wirken. Du bist bestens geeignet für Energiearbeit in ihren vielen Variationen. Spüre nach, wo es für dich hingehen kann.
Denke dabei aber daran, dass es darum geht, deine Spiritualität und die heilerischen Fähigkeiten in deinen Alltag zu integrieren, nicht aus ihm zu fliehen. Bewahre stets eine gesunde Bodenhaftung. Die Kraft und die Klarheit dazu hast du.

Übungen Schließe die Augen und visualisiere einen roten Lichtstrahl, der aus der Erde empor durch deine Füße und Beine bis in deinen Unterleib strahlt. Spüre die Wärme des Rots. Stelle dir nun vor, wie aus dem Kosmos ein blauer Lichtstrahl direkt auf dein Scheitelchakra fällt. Er erfüllt deinen Kopf, Hals, Brust- und Bauchraum mit seinem kühlenden Blau. Wo sie sich begegnen, vermischen die Farben sich zu einem strahlenden Violett. Lasse dieses Violett in deine Aura fließen und genieße die wunderbare Energie der Heilung und der Verbundenheit.
Wenn du dich nicht stark genug geerdet fühlst, stelle dich barfuß auf den Boden und mache leichte Wippbewegungen mit den Füßen. Lasse sie erst in ein leichtes, dann in ein kräftiges Hüpfen übergehen. Spüre dabei deine Füße, den Boden und die aufsteigende Wärme. Spüre, wie du mit der Erde verbunden bist.

Die Farben Die vielfältigen Brauntöne stehen für Arbeit, fürs praktische Tun, für alles, was wir mit den Händen erschaffen können.

Die Botschaft Wie eine Blüte steigt der Engel aus einer kräftigen Blattrosette und zeigt dir, dass etwas Neues entstehen und wachsen will. Der Engel ist sehr licht, hell und noch schemenhaft. Das Neue ist also noch nicht ganz manifestiert, jedoch kurz davor. Die Zeit ist gekommen, dass du deine Ideen in die Realität umsetzen kannst. Die Engel sagen dir hier: „Nimm es jetzt an, dann packe es an und fange an. Bringe es in die Welt." Egal, ob du etwas Bestehendes umgestalten oder etwas ganz Neues schaffen willst, auch eine neue Aus- oder Weiterbildung absolvieren, die Engel sagen dir, dass jetzt die richtige Zeit dazu ist. Sie werden dir helfen, die Kraft zu finden, es zu manifestieren.
Manchmal musst du erst etwas Altes loslassen, damit das Neue Gestalt annehmen kann. Auch dabei werden die Engel dir helfen. Fasse mit ihrer Hilfe Mut, habe Vertrauen und fange an.

Fange an! Nimm es in die Hand und lege los!

Übungen Schließe die Augen und bitte deine Engel, dir jetzt deine Visionen klar und deutlich zu zeigen. Achte auf Gedanken, Gefühle, Bilder oder Worte, die sich plötzlich einstellen. Sobald du ein klares Bild hast, danke, öffne deine Augen wieder und mache einen Plan, wie du deine Vision Wirklichkeit werden lassen kannst.
Altes loszulassen, kannst du ganz praktisch mit deinem Kleiderschrank üben: Mache dich gleich daran, alles auszuräumen, was du mindestens ein Jahr lang nicht mehr getragen hast. Du wirst staunen, wie anders sich dein Schrank danach anfühlt! Ganz Mutige geben die ausrangierten Teile weg. Das ist eine tolle Loslassübung, und du schaffst Platz für Neues. Probier's mal aus!

Schau dir deinen inneren Reichtum an! Wie innen so außen!

Die Farben Weiß steht für Reinheit, Klarheit und Entscheidung, Gold für innere Weisheit, aber auch materiellen Reichtum und Beige symbolisiert das praktische Handeln.

Die Botschaft Dieser Engel will dir zeigen, wie reich du im Innern bist. Denke an deine Werte und alle deine guten Eigenschaften. Kannst du dann noch sagen, dass du arm bist? Nein, du bist reich. Du hast vielleicht großes Wissen in den Bereichen, die dich interessieren. Du hast eine tiefgehende Weisheit. Das ist wahrer Reichtum. Du bist reich im Innern. Ein kosmisches Gesetz lautet: „Wie innen so außen!" Werde dir deshalb deines persönlichen inneren Reichtums bewusst, dann kann er sich auch im Außen manifestieren. Und verfalle nicht dem weit verbreiteten Irrglauben, dass materieller Reichtum nicht zu einem hochspirituellen Menschen passt. Wir kommen alle aus der göttlichen Fülle, wir tragen sie in uns. Deshalb dürfen alle Menschen auch auf Erden in Fülle leben.

Übung Nimm Papier und Stift zur Hand und notiere spontan alle deine Stärken, alles was du als deinen „inneren Reichtum" bezeichnen würdest. Dann überlege, welche Entsprechung dein innerer Reichtum im Außen finden könnte. Du wirst staunen, welche Parallelen sich finden. Mache dasselbe mit deinen Schwächen. Aus Stärken und Schwächen und ihren Entsprechungen im Außen wirst du erkennen, wo du anders denken und handeln kannst, damit dein innerer und äußerer Reichtum weiter wachsen dürfen.

Die Farben Rot ist die Farbe von Kraft, Stärke und Durchsetzungsvermögen; Gelb die des Wissens und der Partnerschaft.

Die Botschaft Die beiden Engel machen dir deutlich: Es gibt im Leben immer nur einen einzigen Zeitpunkt, in dem du Dinge verändern und bewegen kannst – JETZT! Nur in diesem Zeitabschnitt bist du handlungsfähig. Warum? Die Vergangenheit beginnt vor einer Sekunde und endet weit vor deinem derzeitigen Leben irgendwann im Ursprung allen Seins. Schöpfe ruhig Kraft aus schönen Erinnerungen, aber flüchte dich nicht dorthin, sonst wirst du handlungsunfähig. Denn die Vergangenheit kannst du nicht mehr ändern. Die Zukunft beginnt in einer Sekunde und ein Ende ist nicht in Sicht. Du kannst sie gestalten, aber nur im Hier und Jetzt! Alle Pläne werden jetzt geschmiedet und in einem künftigen Jetzt veränderten Gegebenheiten angepasst. Verstehst du, worauf deine Engel dich aufmerksam machen möchten? Eine Vision ist wichtig, aber in die Tat umgesetzt wird sie nur im Jetzt!
Bei dieser Karte geht es aber auch darum, dass jetzt etwas „bewegt" werden will. Schiebe es nicht auf in die Zukunft, bringe es sofort in Gang und lasse dir von deinen Engeln helfen.

Bleibe im Hier und Jetzt. Nur da kannst du etwas bewegen!

Übung Schließe die Augen und bitte deine Engel um Hilfe, damit du klar und deutlich erkennen kannst, was du jetzt in Angriff nehmen sollst. Achte dabei auf jeden kleinen Impuls, den du in dir oder um dich herum erhältst und danke dafür. Mache diese Übung nicht länger als zwei bis drei Minuten, damit du dich nicht verkrampfst und womöglich selbst eine Botschaft „kreierst". Wenn du keine Botschaften erhältst, dann ist das auch in Ordnung. Danke deinen Engeln und versuche es zu einem späteren Zeitpunkt noch einmal.

Du bist ein spiritueller Lehrer. Übernimm jetzt deine Aufgaben!

Die Farben Weiß steht für Entscheidung, Reinheit und Klarheit. Die Regenbogenfarben symbolisieren die Vielfalt der Möglichkeiten.

Die Botschaft Dieser lichtvolle Engel sagt dir deine Lebensaufgabe. Als spiritueller Lehrer musst du nicht unbedingt vor vielen „Schülern" stehen und lehren. Vielleicht sollst du nur deine Lebenseinstellung und Spiritualität offen und klar vorleben. Du hast viel zu sagen, zu geben, zu zeigen, kannst andere begeistern und mitreißen. Du kannst den Funken der Spiritualität in ihnen wecken und sie führen. Doch du nimmst diese Aufgabe noch nicht oder nicht in dem Umfang an, wie sie dir zugedacht ist. Was hält dich zurück? Du hast die Kraft. Fehlt dir der Mut? Lasse dir von deinen Engeln helfen, deine Aufgabe aus ganzem Herzen anzunehmen.

Übungen Stärke dich für deine Aufgabe mit den Farben des Regenbogens. Stelle dich dazu in deiner Vorstellung unter eine Lichtdusche mit sieben Schaltknöpfen in den Chakrafarben. Drücke den roten Knopf und rotes Licht fließt direkt in deinen Unterkörper bis zu den Füßen. Wenn du genug Rot aufgenommen hast, dann drücke den orangen Knopf, und es fließt oranges Licht in deinen Unterleib. Drücke danach den gelben Knopf für den Solarplexus, dann den grünen für deine Herzgegend, den hellblauen für deinen Halsbereich, den dunkelblauen für dein drittes Auge auf der Stirn und schließlich den violetten für dein Kronenchakra. Wenn du ganz erfüllt bist, dann stelle deine Dusche wieder ab, danke und öffne die Augen.
Zur energetischen Reinigung „dusche" nur mit reinem, weißem Licht. Lasse es in jede Zelle deines Körpers, in alle feinstofflichen Körper und in deine Aura strömen. Spüre, wie sich Leichtigkeit und Reinheit ausbreiten.

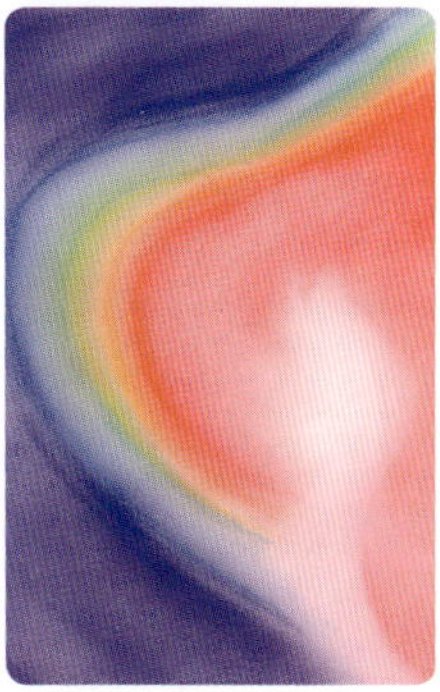

Die Farben Rosa steht für die bedingungslose Liebe. Die Farben des Regenbogens zeigen, dass alle Möglichkeiten offen sind. Dominant sind Rot für die Kraft, Stärke und das Durchsetzungsvermögen und Violett für Heilung, Spiritualität und die Verbundenheit nach oben.

Habe Vertrauen. Du bist im Fluss.

Die Botschaft Vieles läuft bei dir gerade wie von selbst, sehr leicht, sehr harmonisch. Du bist im Fluss. Du bist sehr spirituell und hast diese Spiritualität bereits auf der Erde integriert, das heißt in dein Leben und in deinen Alltag einfließen lassen. Dein Denken ist sehr kraftvoll und klar. Doch wo ist dein Vertrauen? Habe keine Angst, dass dieser Zustand enden könnte. Nichts und niemand kann dich aus diesem Fluss wieder herausholen, wenn du es nicht selbst zulässt. Habe Vertrauen zu deinem Weg. Deine Engel werden dir dabei helfen.

Übungen Vertrauen ist mit der Farbe Blau verbunden, die auch für die mütterliche Fürsorge steht. Trage ein wenig mehr blaue Kleidung, am besten strahlendes Königsblau. So fließt die Farbe in dein energetisches System und hilft dir, dein Vertrauen zu stärken. Du kannst stattdessen auch Blau visualisieren. Stelle dir vor, dass Blau dich umgibt oder visualisiere beim nächsten entspannenden Bad, wie die Farbe Blau dein Badewasser einfärbt.
Schau dich in der Natur um und erkenne, wie alles fließt, mit Leichtigkeit und ohne Mühe. Alles besteht aus Atomen und alles ist Schwingung, im Fluss. So bist auch du im Fluss und ins Leben eingebettet.
Nimm die Karte in die Hand und schaue sie dir ein paar Minuten lang intensiv und in allen Details an. Dann schließe die Augen und achte auf alle Hinweise, die sich dir jetzt zeigen. Möchten dir die Engel etwas sagen?

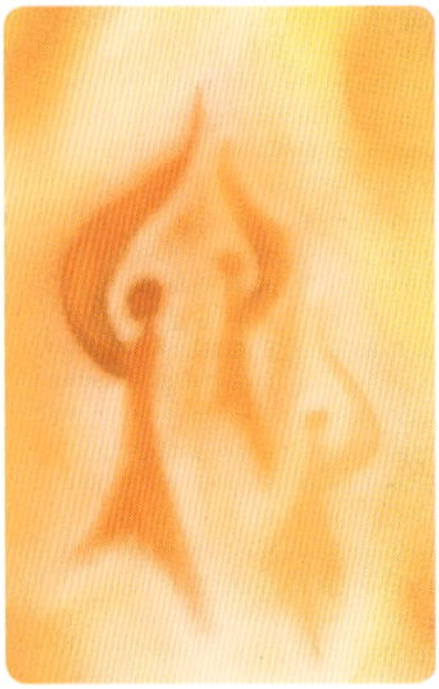

Konzentriere dich auf deine Lebensfreude und alles fügt sich!

Die Farben Orange ist in der Lage, tief sitzende Schocks zu lösen und der puren Lebensfreude den Weg zu bereiten.

Die Botschaft Drei Engel in verschiedenen Orangenuancen möchten dich gerne in deine Lebensfreude zurückführen und fragen dich, wie sie das am angenehmsten tun können. Hast Du einen Hinweis für deine drei Engel? Vielleicht möchtest du einfach mal etwas tun, was deinem Körper und deiner Seele so richtig gut tut. Sage es ihnen und deine Engel werden dir dabei helfen.
Nur wenn du möchtest, kannst du dir anschauen, warum ein Teil deiner Lebensfreude verloren gegangen ist. Deine Engel werden dir auch hier bei der Heilung helfen. Doch ganz gleich, was dein Problem ist, was stagniert oder in Unordnung geraten ist, allein durch die Hinwendung zu deiner Lebensfreude wird alles für dich leichter, harmonischer und beschwingter. Und am Ende fügt es sich zum Wohle aller Beteiligten. Darauf darfst du vertrauen. Das sagen dir die drei Engel.

Übung Rufe deine Engel herbei, damit sie dir helfen können, das richtige Maß an Lebensfreude wiederzuerlangen. Sobald du spürst, dass sie da sind, nimm Papier und Stift und schreibe alles auf, was dir Freude bereiten würde. Dann lasse diese Liste ein Weilchen ruhen und beschäftige dich mit etwas anderem. Später nimm sie wieder zur Hand und nummeriere die einzelnen Stichworte nach Wichtigkeit. Was dir gleich wichtig ist, erhält auch den gleichen Wert, z.B. eine 1. Dann fange an, diese Punkte umzusetzen, einen nach dem anderen in der Reihenfolge ihrer Wichtigkeit. Lasse dir ruhig Zeit, aber bleibe dran. Bitte deine Engel, dir zu helfen und spüre nach jedem in dein Leben gebrachten Punkt, wie deine Lebensfreude sich steigert.

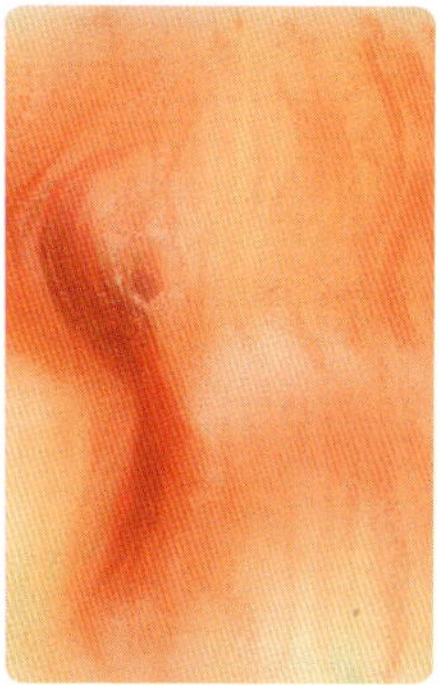

Die Farben Rot in allen Nuancen ist die Farbe des Irdischen, also auch des Körpers.

Die Botschaft Eindringlich und in kraftvollem Rot spricht dieser Engel zu dir. Kümmere dich um deinen Körper! Er ist die Hülle für deine Seele in diesem Leben. Ohne ihn könntest du nicht hier sein. Wenn du diese Hülle schlecht behandelst, wie soll sich dann deine Seele fühlen? Also hüte das Zuhause deiner Seele und behandele es wie einen wertvollen Schatz. Pflege ihn und achte nicht nur dann auf ihn, wenn er dir Beschwerden bereitet. Bitte deine Engel um Hinweise, was du jetzt für deinen Körper tun kannst. Eine bessere Hautpflege? Ernährungsumstellung? Eine bestimmte Nahrungsergänzung? Mehr Sport? Oder mehr Entspannung? Regelmäßige Vorsorgeuntersuchungen oder ein großer medizinischer Check-up? Vielleicht Reinigung und Entgiftung bei einer Fastenzeit?

Achte auf deinen Körper, er ist der Tempel deiner Seele!

Übungen Bitte deine Engel zu dir und schließe die Augen. Atme ein paar Mal tief und entspannt durch, dann öffne die Augen wieder und fühle deinen Körper ganz bewusst. Entweder geistig oder mit deinen Händen, mal mit Druck, mal ganz sanft. Beginne an den Füßen und wandere langsam nach oben bis zum Kopf. Spüre wie sich die verschiedenen Körperregionen anfühlen und was sie dir sagen möchten. Sind sie verspannt? Brauchen sie Streicheleinheiten, Ruhe oder mehr Aktion? Höre bzw. fühle genau hin, dein Körper kann mit dir sprechen, wenn du dir seiner wieder bewusst wirst.
Besonders schön ist auch ein entspannendes Bad mit deinem Lieblingsduft. Tupfe deine Haut danach mit einem weichen Handtuch ab und creme sie mit einer sanften Bodylotion ein. Achte bei jeder Berührung auf Informationen, die dir dein Körper geben möchte. Deine Engel werden dir dabei helfen.

33

Dein Herz braucht Zuwendung. Lasse es zu!

Die Farben Rosa, die sanfte Farbe der Gefühle und der bedingungslosen Liebe, weist hin auf Herzensangelegenheiten, Selbstannahme, Eigenliebe und Akzeptanz.

Die Botschaft In üppigem Rosa erscheint links ein zarter Engel, sanft wie ein Hauch. Dieser Engel der bedingungslosen Liebe will deine Aufmerksamkeit auf dein Herz lenken. Wende dich deinem Herzen und seinen Bedürfnissen zu. Braucht es Streicheleinheiten? Eine intensivere Beziehung zu einem netten Menschen? Liebe von dir? Ist dein Herz verschlossen und du solltest es öffnen, damit du Gefühle erkennst, die dir entgegengebracht werden? Oder ist es vielleicht zu sehr geöffnet, sodass sich jeder bedienen kann, der möchte? Du weißt selbst am besten, was mit deinem Herzen ist. Du kannst dich auch fragen: Wen oder was kann ich schwer lieben und bedingungslos akzeptieren, so wie er/sie/es ist? Dich selbst? Dann will der Engel der bedingungslosen Liebe dir helfen, dich zu lieben, damit du danach auch andere lieben und die Liebe anderer annehmen kannst.

Übungen Bitte die Engel der Liebe, sich um dein Herz und deine Gefühle zu kümmern, am besten nachts vor dem Schlafen, das lässt den Engeln viel Zeit. Bitte auch um Erkenntnis, was die Ursache von Gefühlen war, die die Engel geheilt haben und danke ihnen für ihre Arbeit.
Du kannst auch Wasser mit dieser Engelkarte energetisieren. Stelle über Nacht ein Glas stilles Wasser darauf und trinke es am Morgen. Das Wasser nimmt die Energie der Farbe Rosa auf und verteilt sie in deinem Körper. Achte dann auf alle Impulse, die du wahrnehmen kannst. Sehr sensible Menschen sollten das Wasser am besten nur eine Stunde auf der Karte stehen lassen und dann schluckweise trinken.

Die Farben Gelb steht für das Denken, das Orange/Koralle der Engel für Lebensfreude.

Lasse deine Gedanken los und vertraue dem Fluss des Lebens.

Die Botschaft Diese drei geistigen Helfer möchten dir sagen, dass du dich nicht zu sehr in deine Gedanken verstricken sollst. Kann es sein, dass du nachts vor lauter Denken nicht schlafen kannst? Grübelst du ständig über Menschen, Themen und die ganze Welt? Rotieren deine Gedanken in einer Endlosschleife? Steige aus! Denn was wir denken, das ziehen wir unweigerlich in unser Leben. Diese Engel wollen dir helfen, die Kraft deiner Gedanken so zu nutzen, dass du nur das in dein Leben ziehst, was du wirklich haben möchtest. Mehr über dieses Gesetz der Anziehung findest du in dem sehr empfehlenswerten Buch *The Secret*.
Mit dem Denken verbunden ist das Vertrauen zum Fluss des Lebens. Du bist behütet und kannst dem Fluss des Lebens voll vertrauen. Mache es dir und deinem Kopf nicht unnötig schwer.

Übungen Setze dich bequem hin, schließe die Augen und bitte deine Engel, dir bei dieser Übung zu helfen. Dann lasse einfach alle Gedanken kommen, die kommen wollen. Aber verweile nicht bei ihnen, sondern beobachte sie nur. Nach etwa zehn Minuten öffne die Augen und überlege, ob du das, was dir eben durch den Kopf ging, wirklich so in deinem Leben haben möchtest. Falls nicht, kehre die Gedanken jetzt um. Statt zum Beispiel: „Ach, ich würde mir so gerne das und das kaufen, aber das neue Gehalt kommt erst nächste Woche." sage lieber: „Ich möchte mir gerne das und das kaufen und ich tue es, sobald ich das Geld dazu habe." Spürst du den Unterschied?
Du kannst deine Engel auch bitten, dir immer dann, wenn deine Gedanken dabei sind, in negative Bahnen zu gleiten, einen Hinweis zu geben. Dann kehre sie sofort um.

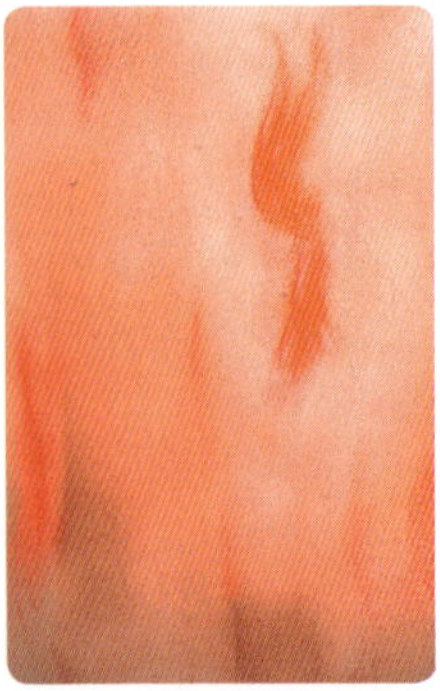

Du hast Kraft und Stärke. Setze deine Ideen um!

Die Farben Rot ist die Farbe von Kraft, Stärke, Durchsetzungsvermögen. Es symbolisiert das männliche Prinzip, Marsenergie, aber auch Aggression und Machtstreben. Rot erdet.

Die Botschaft Dieser kraftvolle und zugleich sanfte Engel will dir zeigen, dass du das, was du dir vorgenommen hast, jetzt in die Tat umsetzen kannst. Jetzt ist die Zeit, voller Kraft und Stärke irdische Dinge zu bewegen und zu integrieren. Deine Ideen sind voll ausgereift zur Realisierung. Wenn du das Gefühl hast, dass du es alleine nicht schaffst und Hilfe brauchst, dann hole sie dir. Lasse dir von den Engeln zeigen, wo du sie findest: bei einem Freund, einer Firma, wo auch immer. Aber beginne jetzt!
Solche Power birgt allerdings auch die Gefahr der Übertreibung. Gehe mit Schwung zur Sache, aber vermeide aggressives Machtverhalten. Bitte deine Engel, dir den Weg von Kraft und Sanftmut zu zeigen.

Übungen Große Vorhaben lassen sich mit einem Plan am besten bewältigen. Schreibe dir die einzelnen Schritte zu seiner Umsetzung sorgfältig auf und mache auch Zeitangaben, wann was zu erledigen ist. So kannst du eine große Aufgabe in viele kleine unterteilen und belohnst dich „unterwegs" mit ebenso vielen Erfolgserlebnissen. Probiere es aus und bitte deine Engel dabei um Hilfe.
Wenn du merkst, dass du zu viel Power hast, dann setze den Überschuss um in körperliche Aktivität. Ungenutzte Kraft macht nervös und unzufrieden. Gehe lieber joggen oder schwimmen oder was immer du am liebsten tust.

Die Farben Rot steht für Irdisches, für Kraft, Stärke, Durchsetzungsvermögen, das männliche Prinzip. Der Goldschimmer signalisiert neben Weisheit auch den materiellen Reichtum.

Die Botschaft Es ist jetzt an der Zeit, dass du mehr und mehr Fülle in dein Leben integrieren darfst. Die Fülle kommt immer mehr zu dir. Du bist innerlich und äußerlich auf dem richtigen Weg. Nach dem kosmischen Gesetz „wie innen so außen" kann sich deshalb auch die Materie in Form von finanziellen Mitteln und Gütern jetzt für dich manifestieren. Viele Möglichkeiten stehen dir offen. Sei wachsam und klar in deinem Denken und Handeln. Die Fülle hast du jetzt verdient.

Die Fülle kommt mehr und mehr in dein Leben!

Übungen Mit Hilfe des Feng Shui kannst du die Fülle zusätzlich fördern. Umgib dich dazu mit runden oder halbrunden Mustern und Formen sowie der Farbe Weiß. Beides stärkt das Element Metall, das unter anderem auch für Wohlstand und Reichtum steht. Zusätzliche Verstärkung bringt ein gezielter Einsatz der Farbe Rot, denn Rot treibt die Dinge mit Kraft und Stärke an.
Du kannst die Fülle in deinem Leben auch mehren, indem du mit Affirmationen arbeitest. Sprich sie regelmäßig zum Beispiel morgens und abends jeweils ein paar Minuten lang. Versuche, sie dabei so zu fühlen, als hätten sie sich bereits in deinem Leben manifestiert. Sage dir zum Beispiel: „Ich habe Wohlstand und Reichtum verdient und bin jetzt bereit, sie zu empfangen!" Oder: „Ich bin wohlhabend und reich im Innen und im Außen!" Oder formuliere deine eigene Affirmation. Bitte deine Engel, dir dabei zu helfen.

Triff deine Entscheidungen mit dem Herzen!

Die Farben Violett steht für Transformation und Heilung, Spiritualität und Verbundenheit nach oben; Grün für Herzensenergie, Neuanfang und Raum; Blau für Ruhe und Frieden, Kommunikation und Vertrauen.

Die Botschaft Dieser Engel will dir klar machen, dass du die anstehende Entscheidung nicht allzu kopflastig treffen solltest. Was in deinem Leben zu entscheiden ist und ob es vielleicht sogar mit etwas Neuem zu tun hat, das weißt du selbst am besten. Doch solche Entscheidungen und Pläne solltest du nicht ausschließlich mit dem Kopf treffen. Schalte auch dein Herz ein, öffne es und nimm wahr, was dein Gefühl dazu sagt. Natürlich soll der Kopf das Für und Wider abwägen, doch Ja oder Nein sollte zum Schluss dein Herz sagen.

Übungen Wenn du deine Kopfenergie mit deiner Herzenergie in Einklang bringen möchtest, dann schließe die Augen und konzentriere dich auf deinen Atem. Visualisiere dann die Farbe Gelb und lasse sie um deinen Kopf kreisen. Dann visualisiere ein saftiges Grün um deine Herzgegend. Lasse es deinen ganzen Brustraum erfüllen. Nun führe die beiden Farben zusammen. Lasse sie zusammenfließen zu einem fröhlichen, hellen Frühlingsgrün. Lasse die Gedanken in dein Herz und die Herzensenergie in deine Gedanken fließen. Spüre hinein, wie leicht sich diese Kombination anfühlt. Mit diesem Bewusstsein öffne dann die Augen.
Oder begib dich zu einem Gewässer und bitte deine Engel, all deine starren und schweren Gedanken dort hineinzugeben. So können sie gereinigt werden und ins Fließen kommen. Nach einer Weile nimm deine Gedanken wieder zu dir und spüre den Unterschied. Solltest du kein Gewässer in deinem Umfeld haben, so kannst du diese Übung auch geistig ausführen.

Die Farben Violett steht für Transformation, Heilung und Verbundenheit nach oben. Hellviolett ist auch die Farbe des spirituellen Führers. Rosa symbolisiert bedingungslose Liebe. Gelb und Grün weisen auf Ängste, Emotionen und Einengungen hin.

Die Botschaft Wie wir alle trägst auch du Verletzungen aus deiner Kindheit in dir. Vielleicht wurdest du nicht verstanden, gedemütigt, unterdrückt, nicht geliebt, ungerecht behandelt usw. Inzwischen bist du vielleicht längst erwachsen, aber tief in dir gibt es das verletzte Kind immer noch. Bleibt es unbeachtet, so bekommt es keine Möglichkeit, die alten Wunden zu heilen. Diese Engel möchten dich darauf aufmerksam machen, dass du dich um dein Inneres Kind kümmern solltest. Die Zeit ist jetzt reif dafür. Wenn du diese Karte auf eine bestimmte Frage hin ziehst, so kann die Antwort eventuell in deiner Kindheit liegen. Bitte deine Engel, dir zu zeigen, worum es konkret geht und dir bei der Arbeit mit dem Inneren Kind zu helfen.

Achte auf dein Inneres Kind. Es braucht mehr Aufmerksamkeit.

Übung Schließe die Augen und atme tief und ruhig, bis du zur Ruhe gekommen bist. Nun bitte darum, dein Inneres Kind zu finden. Sage ihm, dass es nicht alleine ist und dass du dich ihm zuwendest, wann immer es dich braucht. Schaut euch gemeinsam noch einmal die verletzende Situation an und verzeiht miteinander den Menschen, die sie herbeigeführt haben und euch selbst. Achte auf die Impulse deiner Engel, was dir und deinem Inneren Kind, das ja ein Teil von dir ist, gut tut.

Du kannst dein Inneres Kind auch mit Farben unterstützen. Geht es um mütterliche Themen, so hülle es in Blautöne, geht es um den Vater, so verwende Rot- und Rosanuancen.

Im Anhang findest du hilfreiche Literaturhinweise zu diesem wichtigen Thema.

In der Natur findest du die Antwort!

Die Farben Grün steht für die Natur und unseren Herzbereich. Es signalisiert Raum und Freiheit und enthält auch einen Aspekt der Kreativität und des Neuanfangs.

Die Botschaft Der Engel, der sich nur schemenhaft im endlosen Grün abhebt, signalisiert dir den Raum, die endlose Weite. Sein Blick schweift in die Ferne und verstärkt diesen Ausdruck noch. Hast du dich mit einer Frage in den engen Grenzen deines Denkens verrannt? Oder fühlt es sich an, als schnürten dir Sorgen das Herz zu und den Atem ab? Dann sagt dir dieser Engel: Gehe hinaus in die Natur. Gehe durch Wald und Felder in unberührte Landschaften, je freier, desto besser. Hier können sich Herz und Verstand wieder weiten und du wirst Klarheit finden. Die Antwort auf deine Frage, Lösungsideen für deine Probleme findest du hier. Bitte deine Engel oder auch die Elfen um Hilfe. Gerade die Elfen, die für die Natur und das Pflanzenreich zuständig sind, freuen sich sehr, dir hilfreich zur Seite stehen zu dürfen. Du musst sie allerdings darum bitten.

Übung Gehe in den Wald und bitte die Naturwesen, dir zu helfen. Gehe achtsam und meditativ auf möglichst wenig bevölkerten Wegen. Nimm wahr, was um dich geschieht. Falls du dich von einer Pflanze, einem großen Stein oder einem Baum besonders angezogen fühlst, dann gehe hin. Nimm sie oder ihn vollständig wahr, berühre sie oder ihn achtsam und öffne dich einer Kommunikation. Lausche mit dem Herzen. Bekommst du Botschaften von der Pflanze oder dem Stein? Fühle sie und ihre Energie. Sobald du den Impuls verspürst, danke ihm oder ihr und gehe weiter deines Weges.

Die Farben Hellviolett steht für Transformation, Blau für Vertrauen zu den geistigen Fähigkeiten, Grün für Herzensgefühle und Gelb für den Zugang zu Wissen und Weisheit.

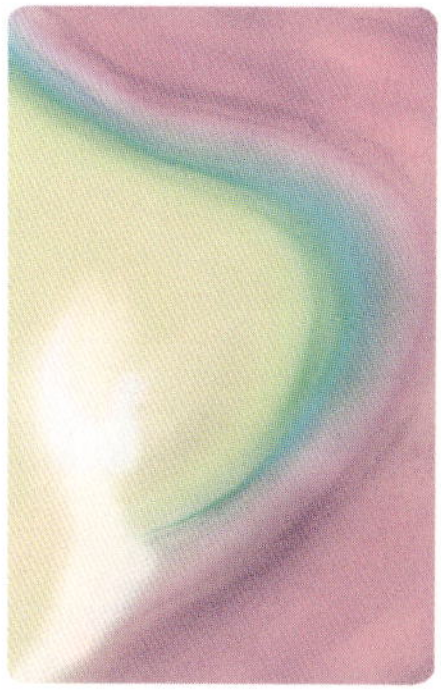

Lerne deine Lektion. Jetzt ist der richtige Zeitpunkt!

Die Botschaft Der weiß strahlende Engel möchte dir zu verstehen geben, dass du jetzt eine wichtige Lektion lernen sollst. Tief in deinem Inneren weißt du bereits, was es ist. Bringe dieses Wissen jetzt an die Oberfläche. Alles, was dir begegnet, hält eine Lektion bereit, die du lernen darfst: „große" Dinge wie eine Beziehungskrise ebenso wie scheinbare Kleinigkeiten wie der verpasste Bus. Das Sinnvollste, was du dann tun kannst, ist, die Situation anzunehmen, anzuschauen, dich von Schuldzuweisungen zu verabschieden und zu fragen: „Was soll mir das jetzt sagen?" „Was hat das mit mir zu tun?" „Wo kann ich hier das Gesetz der Resonanz erkennen?" „Ursache und Wirkung, was war die Ursache?"
Oft ist das in der Situation selbst gar nicht so leicht. Mit den Pastellfarben auf der Karte sagt dir dein Engel: „Warte in Ruhe, bis die Emotionen verblasst sind, dann frage, was dir diese Situation sagen will, und du wirst die Antwort finden." Wenn du nicht selbst darauf kommst, dann bitte ohne Scheu deine Engel um Hilfe.

Übung Bist du in einer emotional aufgeladenen Situation, dann versuche, dich herauszukatapultieren und im Geiste einen Platz außerhalb des Geschehens einzunehmen. Atme ein paar Mal tief durch. Damit entziehst du dich den emotionalen Schwingungskämpfen, kommst viel schneller wieder in deine Mitte und siehst die Sache ganz anders als wenn du darin gefangen bleibst. Versuche es bei nächster Gelegenheit einmal, es braucht ein wenig Übung, aber es ist sehr wirkungsvoll. Bitte deine Engel, dir dabei zu helfen.

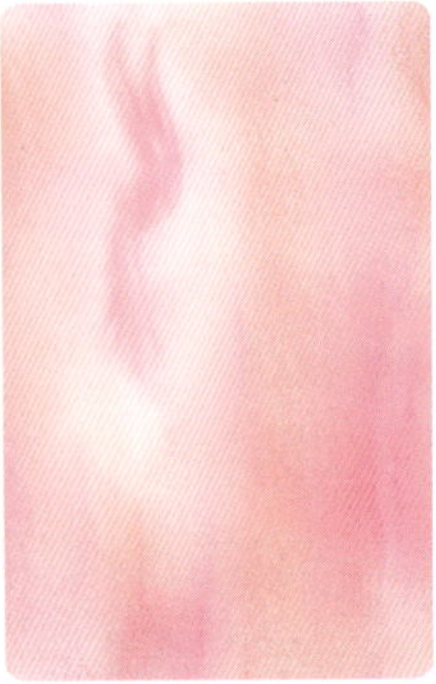

Liebe ist alles, alles ist Liebe. Öffne dein Herz und spüre!

Die Farben Rosa ist die Farbe der bedingungslosen Liebe, der Gefühle und des Herzens.

Die Botschaft Dieser Engel möchte dich darauf aufmerksam machen, dass das Stärkste auf der Welt die Liebe ist. Liebe ist alles, alles ist Liebe. Mit Liebe können wir auf der Welt Vieles erreichen. Erfülle dein Herz mit Liebe und lasse diese Liebe auch in dein Denken strömen, dann kannst du mit der Macht deiner Gedanken die Welt um dich herum ein wenig schöner machen. Wenn dir sorgenbeladene oder mürrische, unfreundliche Menschen begegnen, dann lasse dich davon nicht „anstecken", sondern schicke ihnen in Gedanken eine rosa Wolke. Sie umgibt sie mit liebevollen Energien, die sie annehmen können, wenn sie es wünschen. Und wenn es dir selber nicht gut geht, dann bitte deine Engel, dich in eine solche Wolke zu hüllen. Fühle dich wohlig behütet und genährt und spüre, wie dir leichter zumute wird.

Übung Bevor du das nächste Mal irgendwohin gehst, wo du mit vielen Menschen zusammenkommst, atme tief durch und lasse alles los, was dich belastet. Konzentriere dich auf deine Herzgegend, öffne sie gedanklich und begegne den Menschen mit einem Lächeln. Die meisten lächeln zurück, andere grüßen plötzlich. Lächle einfach in die Welt, du wirst sehen, dass du viel zurückbekommst. Am schönsten für dich und alle anderen ist es, wenn du nichts erwartest, sondern mit deinem Lächeln den Moment einfach nur für dich und deine Mitmenschen ein wenig schöner machen möchtest.

Die Farben Grün ist die Farbe der Heilung, des Raums, der Weite und des Herzens. Gelb steht für Verdauung, Partnerschaft, Ängste, Lehren und Lernen.

Die Botschaft Dieser Engel möchte dich auf die Energien der Heilung hinweisen. Du brauchst sie jetzt. Deshalb rufe sie. Denn in dir oder in deinem Leben gibt es eine Unausgeglichenheit. Irgendetwas ist nicht heil. Es muss nicht unbedingt dein Körper sein, vielleicht ist auch eine Situation oder eine Beziehung aus dem Gleichgewicht geraten. Jetzt brauchst du Heilung. Habe keine Scheu und bitte darum. Sie steht dir zu. Sehr hilfreich ist es, wenn du zuvor herauszufinden versuchst, was wirklich das Thema ist, das der Heilung bedarf. Ist es ein körperliches, ein psychisches, eine Situation, eine Beziehung? Nur du kannst es wissen, spüre in dich hinein. Es ist auch möglich, dass du für einen anderen Menschen um Heilung bitten sollst. Wenn du absolut keine Klarheit erlangen kannst, wer oder was es ist, dann frage deine Engel. Du kannst auch eine weitere Karte ziehen, um einen tieferen Hinweis zu erhalten.

Rufe die Engel der Heilung. Sie sind für dich da!

Übung Mache diese Übung am besten abends vor dem Einschlafen. Das lässt deinen Engeln viel Zeit zum Wirken, und du findest leichter zur Ruhe. Bitte Raphael, den Erzengel der Heilung, und sein gesamtes Helferteam herbei und übergib ihnen deinen Körper, dein Problem, die Situation oder die schwierige Beziehung zur Heilung. Danke den Engeln und schlafe im Vertrauen auf ihr Wirken beruhigt ein. Diese Übung kannst du regelmäßig machen, solange die heilungsbedürftige Situation anhält. Achte in dieser Zeit sorgfältig auf alle Hinweise, wie du selbst zur Heilung beitragen kannst und was du daraus lernen sollst.

Achte gut auf dich. Auch du hast jetzt etwas Schönes verdient.

Die Farben Grüntöne weisen auf die Herzensenergie, den Raum, vielleicht einen Neubeginn hin. Rosa verstärkt noch einmal die Herzensenergie und Rot steht für Kraft, Stärke und Durchsetzungsvermögen.

Die Botschaft Dieser Engel möchte dir in aller Deutlichkeit sagen, dass du nicht nur auf die anderen und dein Umfeld achten sollst, sondern auch auf dich. Du kümmerst dich viel um andere und anderes. Du wirst gebraucht, man kann sich auf dich verlasen. Das ist auch schön so. Nur achte darauf, dass der Energiefluss des Gebens und Nehmens immer annähernd ausgeglichen ist. Zur Zeit gibst du wohl mehr, als du empfangen darfst. Der Engel sagt dir ganz deutlich, dass du jetzt an der Reihe bist, etwas Schönes zu erfahren. Vielleicht ein Gefühl, ein Gegenstand, geschenkte Zeit in Form eines Urlaubs oder Wellnesswochenendes? Und wenn von außen nichts Schönes auf dich zukommen will, dann gönne dir etwas aus eigener Kraft. Nur zu, du hast es verdient. Und zwar jetzt!

Übung Spüre nach, ob deine ureigenen, lang gehegten Bedürfnisse erfüllt werden. Entweder durch dich selbst oder durch andere. Ist dies nicht der Fall, dann tue dir selbst etwas Gutes, am besten sofort. Du weißt am besten, was jetzt das Richtige für dich ist. Wenn nichts Größeres möglich ist, dann gehe in ein Massage-Institut und gönne dir eine wohltuende Rückenmassage mit Schwerpunkt auf dem Nacken- und Schulterbereich. Sie wird das, was dir auf den Schultern liegt und dich schwer drückt, ein wenig lockern. Und bei der Massage denke nach, was dir als Nächstes gut tun würde.

Die Farben Gelb steht für Wissen, Partnerschaft, Ängste und Emotionen. Gold ist Symbol von Weisheit sowie innerem und äußerem Reichtum.

Die Botschaft Dieser Engel sagt dir, dass du großes organisatorisches Talent hast und es auch mit deiner inneren Weisheit verbinden kannst. Du vermagst deine Visionen in die Realität zu bringen. Du kannst andere für deine Ideen begeistern. Jetzt sollst du dein ganzes Wissen, das du in diesem Leben erworben hast, mit der tiefen Weisheit deiner Seele verbinden und nutzen. Du hast auch die Kraft zu lehren, anderen Menschen etwas beizubringen. Hole diese schlummernden Fähigkeiten an die Oberfläche und setze sie kraftvoll um. Innerer und äußerer Reichtum und Erfolg sind dir sicher. Visualisiere, was du tun willst, plane es gut und du wirst es materialisieren können. Lasse dich von aufflammenden Ängsten oder Sicherheitsbedürfnissen nicht beirren; sie sind nur vorübergehend. Du bist ein sehr reger Kopf und weißt genau, was du willst. Je genauer du es visualisierst, desto eher und präziser wird es gelingen.
Solltest du partnerschaftliche Probleme haben, so sind diese nur vorübergehend und nicht zu schwerwiegend. Ihr werdet das meistern. Bei Depressionen ist es allerdings ratsam, professionelle Hilfe in Anspruch zu nehmen.

Nutze deine Weisheit und dein Wissen!

Übungen Rufe deine Engel zu dir und bitte sie, dir die nötige Kraft und Ausdauer zu geben, damit du das, was in deiner Vorstellung bereits existiert, umsetzen kannst. Ein wunderbarer Helfer ist hier Erzengel Michael. Wenn du möchtest, rufe ihn zur Unterstützung.
Wenn du dein Wissen und deine Weisheit stärker unterstützen oder deinen Zugang dazu verbessern möchtest, dann kleide oder umgib dich vermehrt mit Gelb und Gold.

Schlusswort

Lieber Leserin, lieber Leser,

ich hoffe, ich konnte dir ein breites Spektrum der Engelarbeit anbieten und dich zu Vielem animieren. Natürlich ist nicht alles für jeden und nicht für jeden alles. Auch dieses Buch ist nur ein Angebot, aus dem du dich nach Lust und Laune bedienen kannst.

Denn es gibt nicht nur eine Wahrheit. Und das hier Geschriebene ist deshalb bestenfalls meine Wahrheit. Wenn du sie annehmen kannst, dann wird sie auch ein Teil deiner Wahrheit. Doch prüfe sie genau, bevor du sie übernehmen möchtest.

Was ich dir hier zeigen durfte, ist nichts weiter als ein Sortiment verschiedener Werkzeuge. Jedes Werkzeug braucht man immer nur eine Weile und nicht sein ganzes Leben lang. So ist auch dieses Set gemeint. Es soll dir auf einem Stück deines Weges hilfreich sein, dir Ideen liefern, deine Intuition stärken, deinen Zugang zur Engelwelt fördern. Doch irgendwann wirst du es nicht mehr brauchen. Dann kommst du alleine weiter. Mit anderen Worten: Mache dich von nichts und niemandem in deinem Leben dauerhaft abhängig. Nutze dieses Set nur, um deine eigene Intuition zu schulen.

Doch falls wir uns irgendwann einmal in meinem Ladengeschäft sehen, uns am Telefon unterhalten oder ich eine Rückmeldung von dir in Form eines Briefes bekomme, freue ich mich sehr.

In diesem Sinne wünsche dir, dass du im täglichen Leben stets den Zugang zu deinen Engeln hast und sie dir spürbar helfen.

Alles Liebe

Jürgen Pfaff

Danksagung

Zuallererst möchte ich meinen Engeln danken, die mir so viel Geduld geschickt haben, die mir oft die Worte in den Mund legten, bzw. in die schreibende Hand sandten. Danke! Ganz lieben Dank auch meinen Lieben zu Hause, die mir den Raum gegeben haben, damit dieses Werk hier entstehen konnte. Danke all meinen Kunden für die netten Gespräche im Laden. Auch sie haben mit ihren Geschichten und Erlebnissen inspirierend zur Entstehung dieses Sets beigetragen.

Von Herzen danke auch dir, liebe Leserin und lieber Leser für dein Interesse an diesem Set. Vielleicht sehen wir uns ja einmal in meinem Laden oder bei einem meiner Vorträge oder Seminare oder du schreibst mir. Ich freue mich immer über eine Rückmeldung von dir.

Über den Autor

Jürgen Pfaff, geboren 1960, Sternzeichen Krebs, Aszendent Krebs, arbeitet seit vielen Jahren mit den Engeln. Er ist Inhaber des Kevala Wohlfühl- und Erlebnisladens in Husum mit Versand sowie außerdem Feng-Shui-Berater, Aura-Soma-Berater, Aura-Light-Lehrer, Ernährungsberater, Meditationslehrer, psychologischer Berater, Tachyon-Practitioner, Touch of Oneness Practitioner, Reiki-Meister und -Lehrer und vieles mehr. Für regionale Fernsehsender moderierte er Talkshows zu spirituellen Themen. Er schreibt erfolgreich Bücher und durch seine beruhigende Stimme wurde er zu einigen Meditations-CDs animiert. Bisher sind von ihm ein Buch sowie ein Set aus Buch und Karten über Farben und darüber hinaus neun Meditations-CDs erschienen. Engel sind neben vielen anderen Dingen seine Welt, weil er weiß, wie schön es ist, mit diesen Energien arbeiten zu dürfen.

Viele von Jürgen Pfaff gemalte Engelbilder können Sie auf seiner Website www.kevala.de sehen.

Kontaktadresse für Seminare, Workshops und Vorträge
(Verkauf von Engelprodukten, Essenzen, CDs und mehr)

Kevala Laden & Versand
Jürgen Pfaff
Norderstr. 15
25813 Husum
T. 04841 770850
F. 04841 770851
Mail: info@kevala.de
www.kevala.de

Literatur-Empfehlungen

Byrne, Rhonda, ***The Secret,*** Goldmann 2007, DVD The Secret, 2007

Emoto, Masaru, ***Die Botschaft des Wassers***, Koha 2002

Martina, Roy, ***Von Engeln umgeben***, Hans-Nietsch-Verlag 2007

Minatti, Ava, ***Heilung für das Innere Kind***, Smaragd 2002

Pfaff, Jürgen, ***Die großen Farb-Diagnose-Karten***, Windpferd 2001

 Handbuch der heilenden Farben, Windpferd 2005

 CD ***Liebesmeditation der Kraft Rot/Rosa***, Windpferd 2003

 CD ***Sonnenmeditation der Weisheit Orange/Gelb***, Windpferd, 2003

 CD ***Freiheit und Natur Grün***, Windpferd 2003

 CD ***Die Delfin-Meditation Türkis***, Windpferd 2003

 CD ***Die Friedens-Meditation Blau***, Windpferd 2003

 CD ***Heilungs-Meditation Violett***, Windpferd 2003

 CD ***Schutzengel-Meditation Weiß***, Windpferd 2003

 CD ***Engel erleben***, Hans-Nietsch-Verlag 2008

 CD ***Naturwesen erleben***, Hans-Nietsch-Verlag 2008

Ruland, Jeanne, ***Das große Buch der Engel***, Schirner 2001

 Feen, Elfen, Gnome – Das große Buch der Naturgeister, Schirner 2003

Wallimann, Silvia, ***Mit Engeln beten***, Verlag Herman Bauer 2002

Whichello Brown, Denise, ***Mit Engeln heilen***, Südwest-Verlag 2006

Roy Martina

Von Engeln umgeben

Viele Menschen sind der Ansicht, dass Engel unserer Fantasie entspringen. Dagegen sprechen allerdings all die Erlebnisberichte, die Begegnungen mit Engeln schildern. Roy Martina ist davon überzeugt, dass Engel tatsächlich existieren ... denn er selbst ist ihnen viele Male in seinem Leben begegnet und vertraut ihnen und ihren Botschaften. Auf unterhaltsame Weise erzählt er uns in *„Von Engeln umgeben"* von seinen Erlebnissen mit diesen Himmelsboten. Er erläutert, warum Tausende von Engeln nur darauf warten, uns zu unterstützen. Und dass sie sich in unserem Leben auf sehr unterschiedliche Weise zeigen können: als innere Kraft, als Zeichen, Wunder, Gedanke, Stimme, Vision, in einem Traum ... Roy Martina erklärt, wie wir Engel in unserem Leben erkennen. Wir lernen, wie wir sie um Hilfe bitten, damit wir ihre reine Liebe und ihr Mitgefühl erfahren – und wie wir selbst in manchen Situationen als Engel dienen können. In seiner wundervollen Engel-Meditation (gesprochen von Jürgen Pfaff) entführt uns Roy Martina in unsere magische innere Welt und in das Reich der Engel, wo wir Trost, Gelassenheit und Gesundheit finden.

110 Seiten, Hardcover mit beigelegter CD, 72 Minuten,
€ 14,90, SFr. 28,90
ISBN 978-3-939570-04-2

Jürgen Pfaff, Arne Herrmann

Engel erleben

Wir alle wissen, dass unsere Engel nur darauf warten, dass wir mit ihnen in Verbindung treten und sie um Hilfe bitten. Mit diesen vier tief wirkenden Meditationen können wir wahre Unterstützung aus dem Engelreich erfahren, wenn wir Gesundheit, Reichtum und Wohlstand, Liebe in der Partnerschaft und Kontakt zu verschiedenen Erzengeln wünschen. Engel zu erleben, Engel zu spüren und Engel wahrzunehmen ist mit dieser CD auch für Neulinge auf dem Gebiet der Meditation leicht.

Bereits vor Jahren lernten sich der Autor Jürgen Pfaff und der Komponist und Produzent Arne Herrmann kennen und schätzen und kreierten für das Label „Schneelöwe“ sieben erfolgreiche CDs mit Farbmeditationen. In ihrer neuen CD-Reihe „erleben“, die jetzt mit zwei Titeln startet, verbinden sie harmonische Naturklänge und atmosphärische Klanglandschaften mit inspirierenden Meditationstexten zum Heil-Werden, Kraft-Schöpfen und Genießen.

CD, 72 Minuten
€ 17,90, SFr. 34,50
ISBN 978-3-939570-27-1

Jürgen Pfaff, Arne Herrmann

Naturwesen erleben

Einhörner, Elfen, Feen und Nixen oder Gnome, Trolle und Kobolde: Sie alle sind in der Lage, uns mehr und mehr den Zugang zum Reich der Natur-Energien zu eröffnen. Genauso wie Engel sind auch die Naturwesen darüber hinaus bereit, uns in vielen Dingen des täglichen Lebens zu unterstützen. Ob Nixen unsere Gefühlsebene ausgleichen, Elfen unser energetisches System reinigen oder Trolle, Gnome und Kobolde uns Leichtigkeit und Lachen schenken – dies alles sind Erlebnisse der besonderen Art und immer wieder tief berührend. Einzigartig ist es, wenn wir unser persönliches Einhorn kennenlernen, das mit uns gemeinsam Heilung für uns und die Erde herbeiführen kann ...!

Einfühlsame Klangkompositionen von Arne Herrmann und die ruhige und tief gehende Stimme von Jürgen Pfaff vermitteln den Kontakt zu der Seinsebene, in der diese Wesen zu Hause sind. Die vier Erlebnismeditationen sind für täglich Meditierende genauso geeignet wie für absolute Anfänger.

CD, 67 Minuten, € 17,90, SFr. 34,50
ISBN 978-3-939570-28-8

Weitere interessante Titel finden Sie unter: **www.nietsch.de**